Liebe Eltern, liebe LehrerInnen!

Das Beherrschen der schriftlichen Grundrechnungsarten stellt eine wichtige Fähigkeit dar, die uns unser ganzes Leben lang von Nutzen ist. Damit die einzelnen Rechenschritte und Abläufe auch schnell und richtig angewendet werden können, bedarf es allerdings viel Übung. Dieses Übungsbuch bietet Ihrem Kind daher zahlreiche Möglichkeiten, um seine Rechenfertigkeiten zu trainieren und zu festigen.

Die Übungen sind nach Schwierigkeitsgraden geordnet und bieten somit die Möglichkeit eines aufbauenden Lernens. Den jeweiligen Schwierigkeitsgrad können Sie anhand der Wolken am rechten oberen Seitenrand ablesen: Je mehr Wolken, desto schwieriger die Rechnungen.

Die abwechslungsreichen und grafisch ansprechend gestalteten Arbeitsblätter fördern zudem die Motivation und den Spaß am Rechnen.

Viel Freude am gemeinsamen Rechnen mit Ihrem Kind wünscht Ihnen

Dipl.-Päd. Elisabeth Fürst

(Grundschullehrerin)

ISBN 978-3-8370-6332-5

Impressum:
Herstellung und Verlag: Books on Demand GmbH, Norderstedt
Konzeption und Illustration: Dipl.-Päd. Elisabeth Fürst
Illustrationen Seite 36, 46, 54: Mag. Margot Aigner
Covergestaltung und Illustrationen Seite 12, 13: Mag. (FH) Daniel Fürst
1. Ausgabe 2008

Inhaltsverzeichnis

ISBN 978-3-8370-6332-5

Elisabeth Fürst

Addition

$$+\begin{array}{r}5\;4\\2\;3\end{array}$$

$$+\begin{array}{r}3\;1\\5\;7\end{array}$$

$$+\begin{array}{r}6\;2\\2\;3\end{array}$$

$$+\begin{array}{r}4\;3\\5\;1\end{array}$$

$$+\begin{array}{r}2\;5\\4\;3\end{array}$$

$$+\begin{array}{r}1\;7\\3\;2\end{array}$$

$$+\begin{array}{r}4\;6\\3\;2\end{array}$$

$$+\begin{array}{r}2\;9\\5\;0\end{array}$$

$$+\begin{array}{r}5\;3\\3\;4\end{array}$$

$$+\begin{array}{r}7\;2\\1\;4\end{array}$$

$$+\begin{array}{r}6\;3\\3\;5\end{array}$$

$$+\begin{array}{r}1\;8\\5\;1\end{array}$$

$$+\begin{array}{r}7\;3\\1\;5\end{array}$$

$$+\begin{array}{r}2\;4\\3\;5\end{array}$$

$$+\begin{array}{r}5\;6\\2\;1\end{array}$$

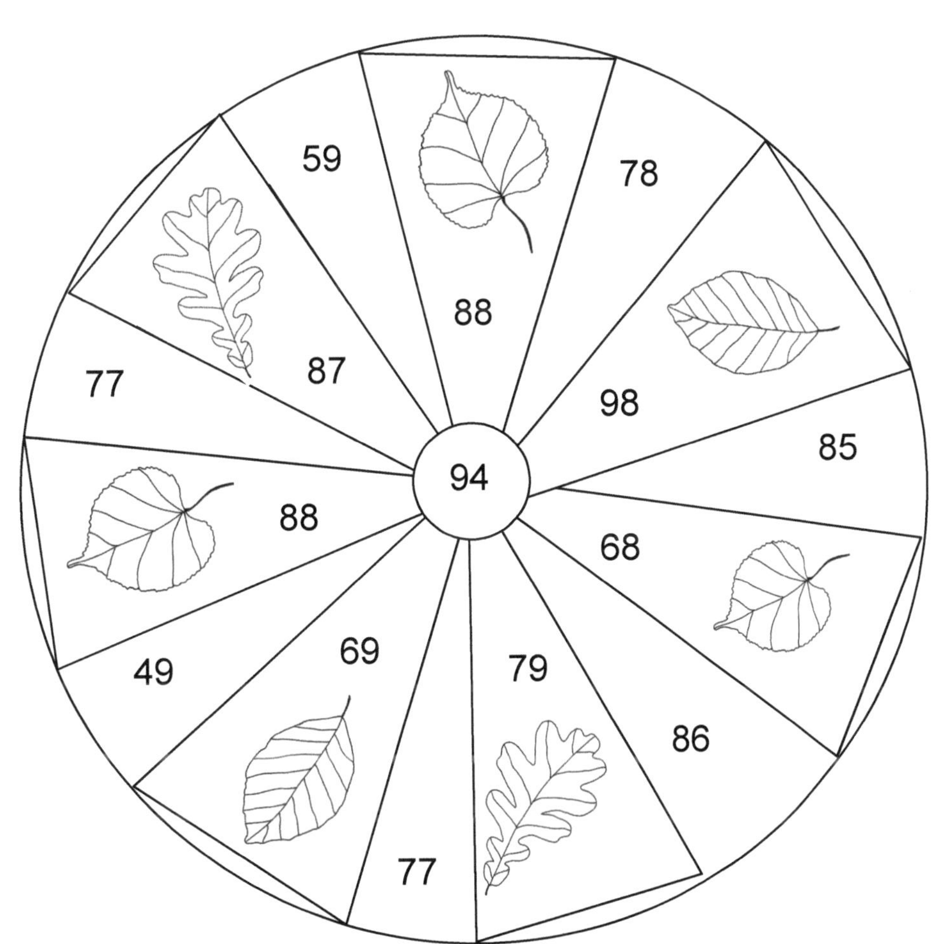

Elisabeth Fürst

ISBN 978-3-8370-6332-5

Addition

$$+\begin{array}{r}432\\256\\\hline\hline\end{array}\qquad+\begin{array}{r}516\\173\\\hline\hline\end{array}\qquad+\begin{array}{r}328\\631\\\hline\hline\end{array}$$

$$+\begin{array}{r}462\\437\\\hline\hline\end{array}\qquad+\begin{array}{r}405\\253\\\hline\hline\end{array}\qquad+\begin{array}{r}135\\721\\\hline\hline\end{array}$$

$$+\begin{array}{r}167\\530\\\hline\hline\end{array}\qquad+\begin{array}{r}832\\156\\\hline\hline\end{array}\qquad+\begin{array}{r}224\\633\\\hline\hline\end{array}$$

$$+\begin{array}{r}657\\342\\\hline\hline\end{array}\qquad+\begin{array}{r}734\\253\\\hline\hline\end{array}\qquad+\begin{array}{r}363\\225\\\hline\hline\end{array}$$

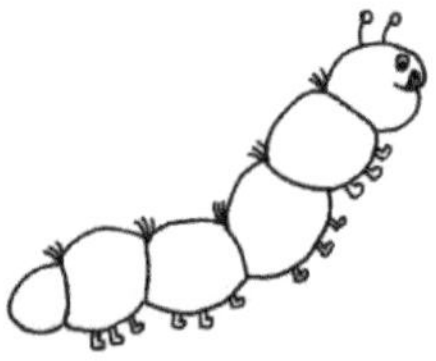

ISBN 978-3-8370-6332-5

Elisabeth Fürst

+842
 137
─────

+742
 236
─────

+641
 254
─────

+369
 520
─────

+573
 116
─────

+461
 237
─────

+603
 191
─────

+532
 324
─────

+356
 542
─────

+172
 824
─────

+245
 634
─────

+506
 283
─────

Elisabeth Fürst   ISBN 978-3-8370-6332-5

Wie schwer sind die Obst- und Gemüsekisten?

```
 +1 2 4 dag
  2 3 8 dag
 ─────────
 ═════════
```

```
 +3 5 9 dag
  1 2 6 dag
 ─────────
 ═════════
```

```
 +2 4 6 dag
  2 3 7 dag
 ─────────
 ═════════
```

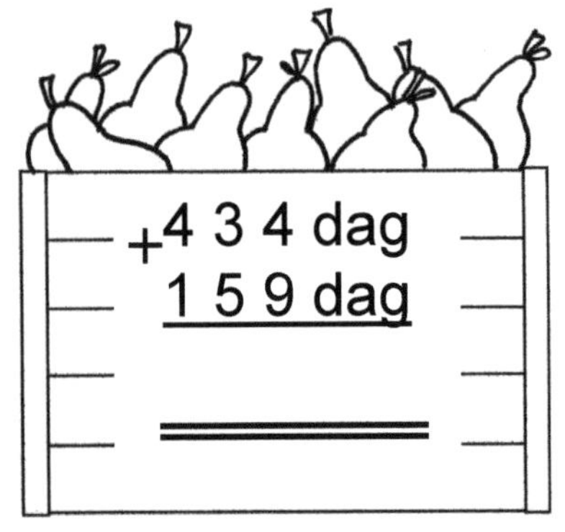
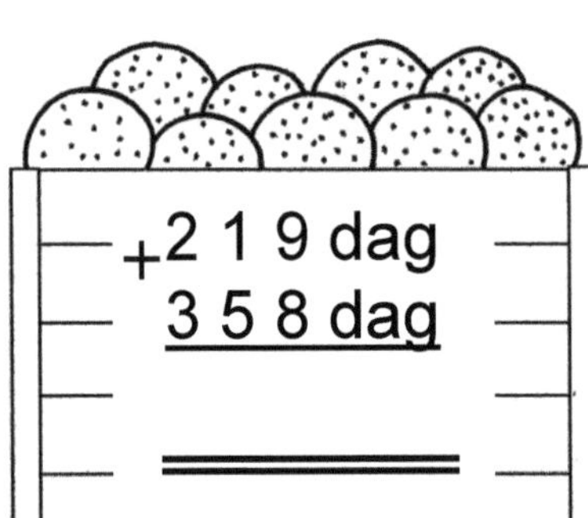
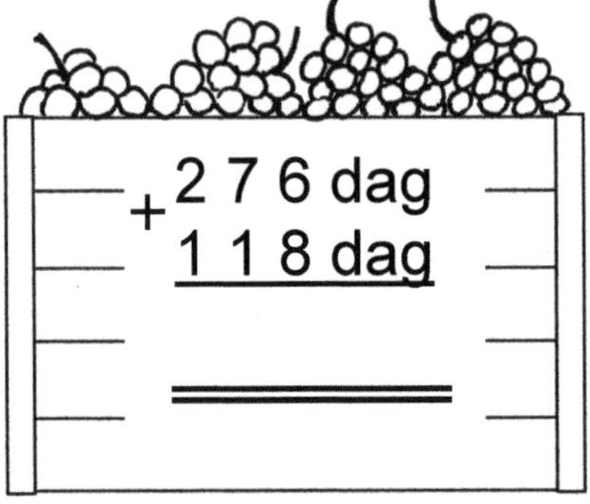

```
 +4 3 4 dag
  1 5 9 dag
 ─────────
 ═════════
```

```
 +2 1 9 dag
  3 5 8 dag
 ─────────
 ═════════
```

```
 +2 7 6 dag
  1 1 8 dag
 ─────────
 ═════════
```

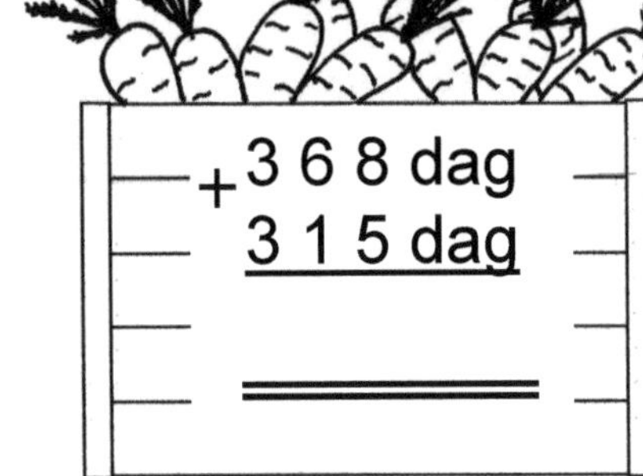
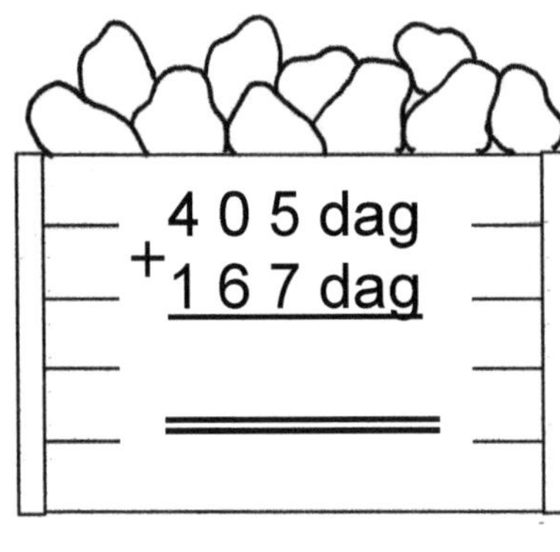
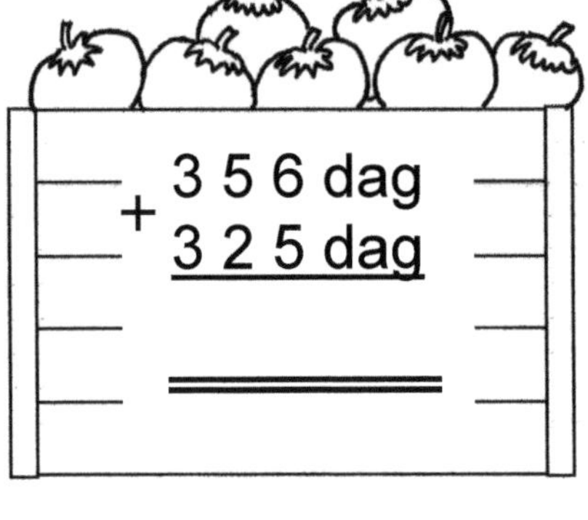

```
 +3 6 8 dag
  3 1 5 dag
 ─────────
 ═════════
```

```
  4 0 5 dag
 +1 6 7 dag
 ─────────
 ═════════
```

```
  3 5 6 dag
 +3 2 5 dag
 ─────────
 ═════════
```

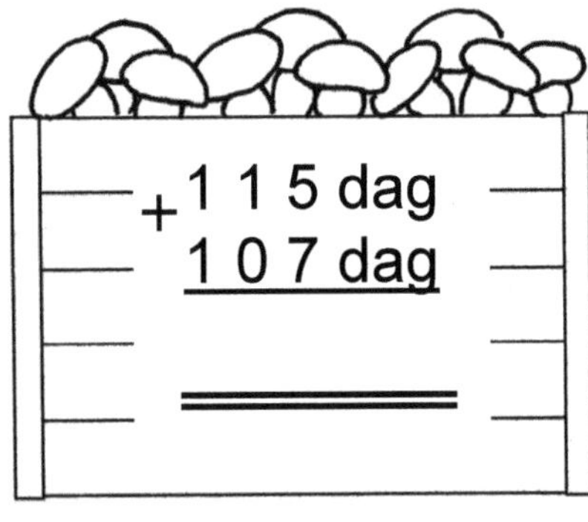
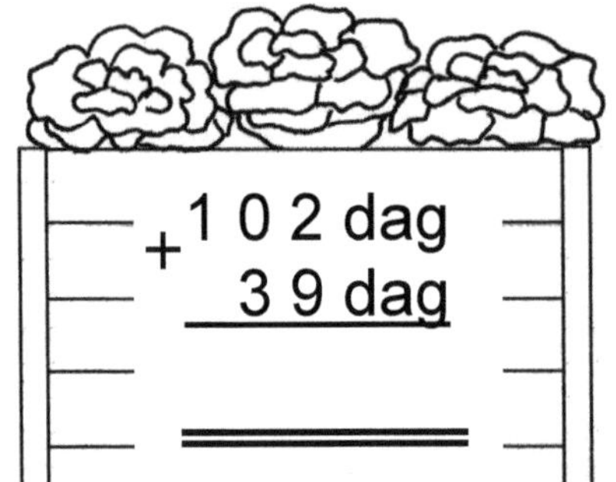
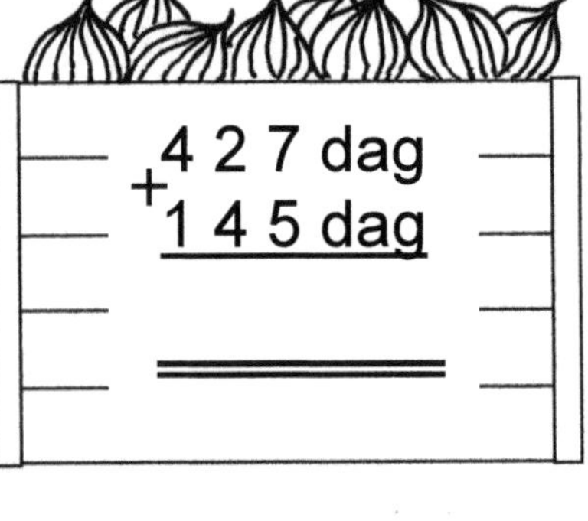

```
 +1 1 5 dag
  1 0 7 dag
 ─────────
 ═════════
```

```
 +1 0 2 dag
    3 9 dag
 ─────────
 ═════════
```

```
 +4 2 7 dag
  1 4 5 dag
 ─────────
 ═════════
```


ISBN 978-3-8370-6332-5

Elisabeth Fürst

Addition

+3 4 6
  1 2 8
	+5 3 9
	  2 4 7
		+2 5 6
		  4 3 6
			+4 7 5
			  3 1 8
				+2 3 7
				  6 5 6

+6 3 4
  1 2 9
	+3 6 7
	  3 2 6
		+1 5 8
		  6 3 3
			+5 3 4
			  2 3 8
				+4 5 9
				  2 2 6

8 4 3
+1 4 8
	+2 6 7
	  3 1 6
		+7 3 8
		  2 4 3
			+5 6 2
			  3 1 9
				+4 3 5
				  1 2 6

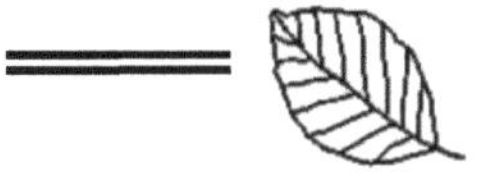

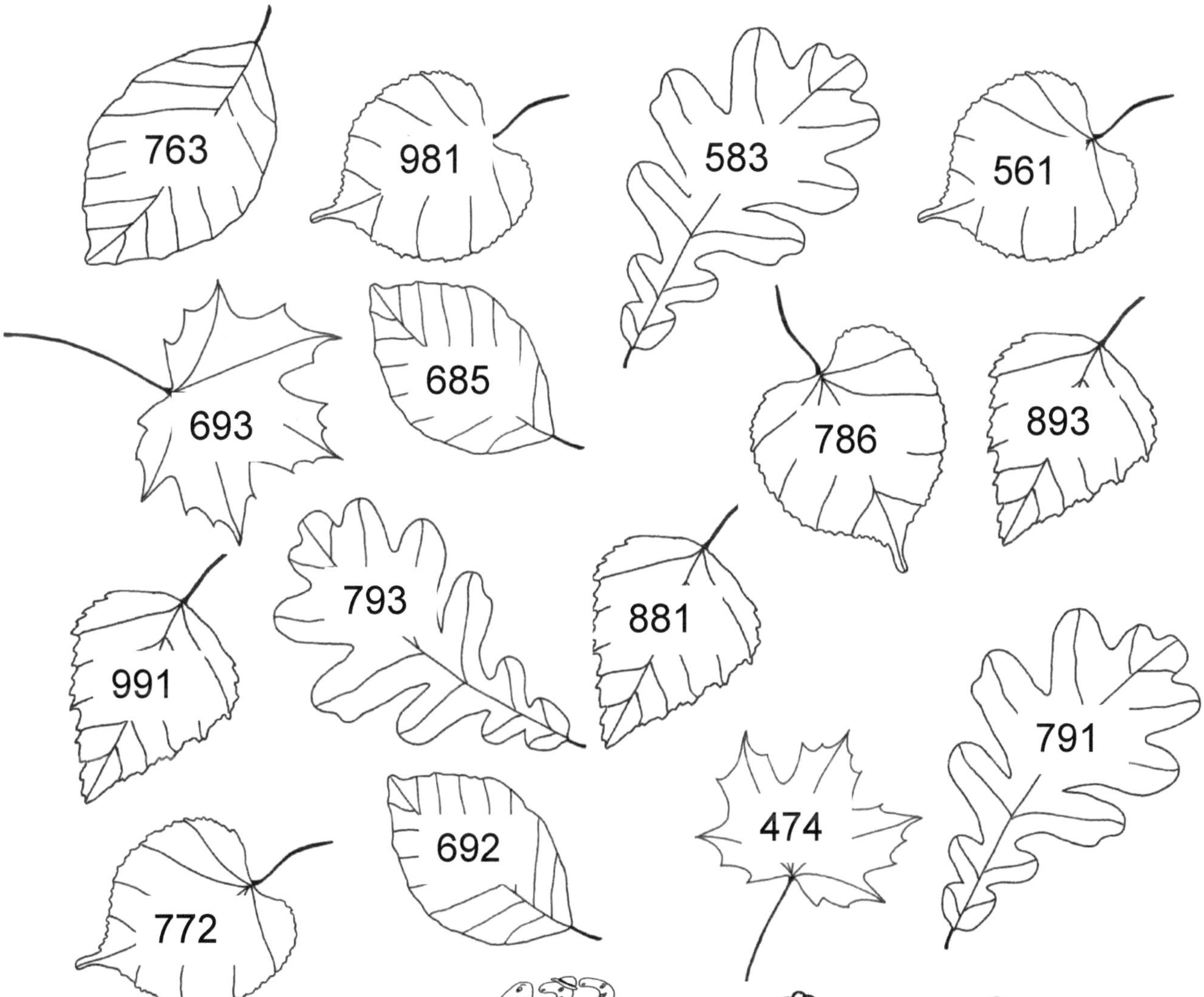

763 981 583 561

693 685 786 893

991 793 881 791

772 692 474

Elisabeth Fürst   ISBN 978-3-8370-6332-5

Addition

Immer zwei Socken haben das gleiche Ergebnis. Male die Socken die zusammengehören in der gleichen Farbe an!

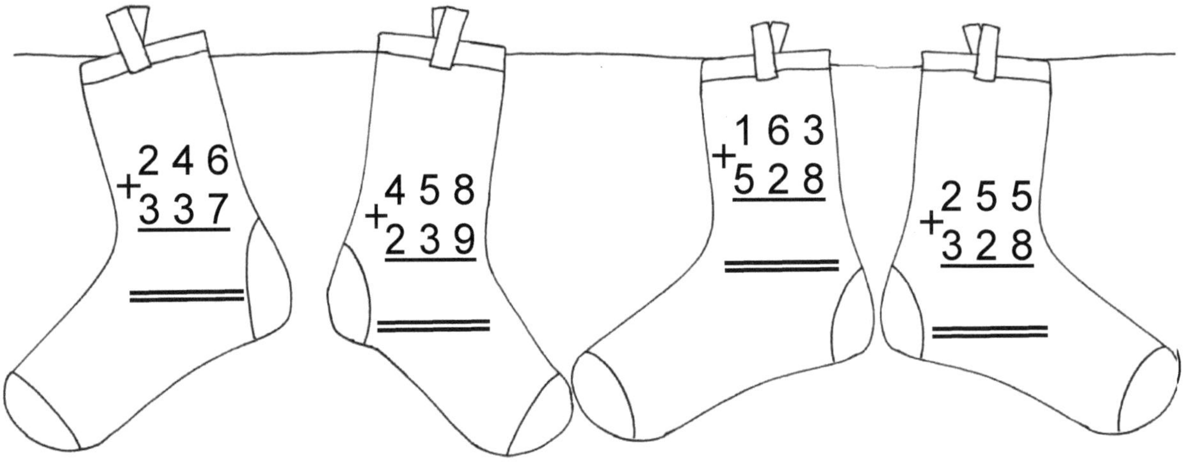

$$246 + 337$$

$$458 + 239$$

$$163 + 528$$

$$255 + 328$$

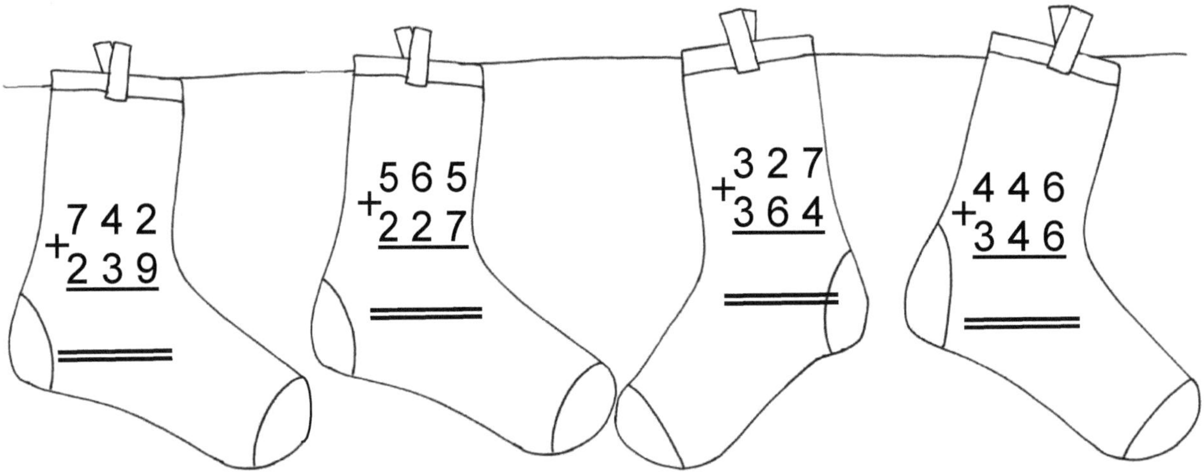

$$742 + 239$$

$$565 + 227$$

$$327 + 364$$

$$446 + 346$$

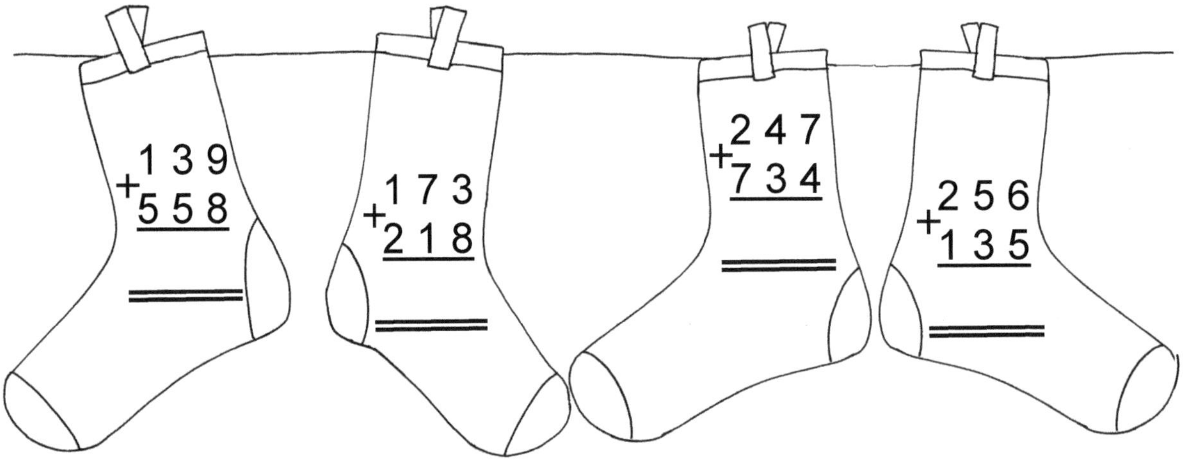

$$139 + 558$$

$$173 + 218$$

$$247 + 734$$

$$256 + 135$$

ISBN 978-3-8370-6332-5

Elisabeth Fürst

Addition

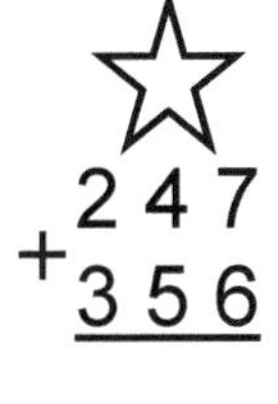

$+\;\dfrac{247}{356}$

$+\;\dfrac{473}{248}$

$+\;\dfrac{739}{254}$

$+\;\dfrac{182}{347}$

$+\;\dfrac{536}{394}$

$+\;\dfrac{375}{456}$

$+\;\dfrac{843}{109}$

$+\;\dfrac{145}{853}$

$+\;\dfrac{642}{187}$

$+\;\dfrac{769}{137}$

$+\;\dfrac{436}{497}$

$+\;\dfrac{651}{274}$

$+\;\dfrac{258}{474}$

$+\;\dfrac{553}{269}$

$+\;\dfrac{293}{676}$

Kannst du die Geheimschrift entziffern?

A	C	D	E	G	H	I	K	L	M	R	S	T	U	W
933	952	831	969	993	906	603	529	732	998	721	829	930	822	925

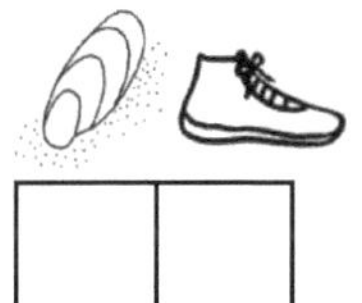

!

Addition

Suche für jeden Topf einen Deckel und bilde so verschiedene
Additionen!

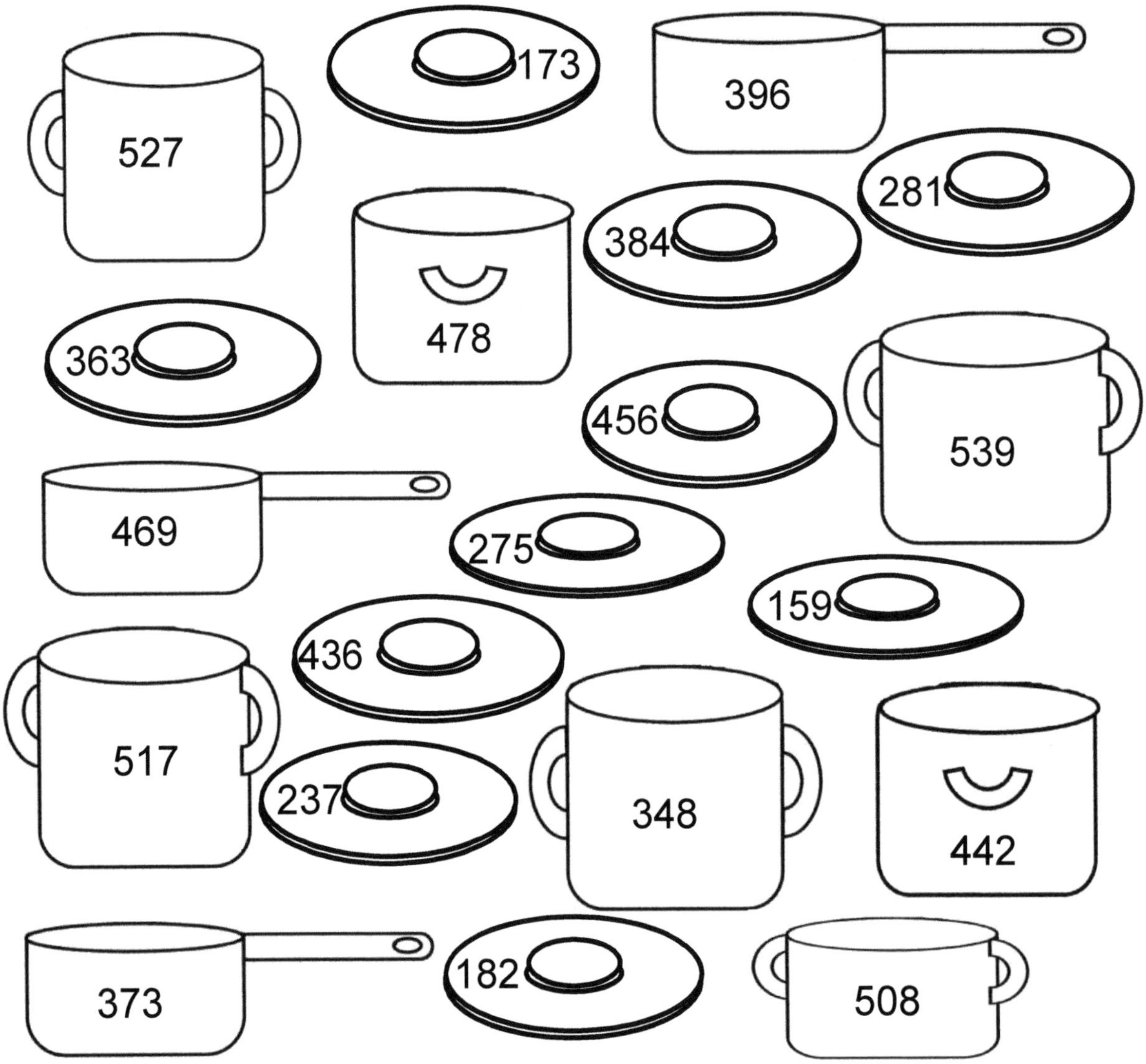

527 173 396 281 384 478 363 456 539 469 275 159 436 517 237 348 442 373 182 508

ISBN 978-3-8370-6332-5

Elisabeth Fürst

Addition

Die Schnecken veranstalten ein Wettrennen.
Rechne aus, wie lange jede Schnecke für die Gesamtstrecke
braucht. Die Schnecke mit der kürzesten Zeit gewinnt!

35 min	43 min	56 min
29 min	48 min	61 min
32 min	45 min	62 min
27 min	53 min	53 min
33 min	44 min	58 min
38 min	41 min	57 min

Elisabeth Fürst   ISBN 978-3-8370-6332-5

Addition

Am Golfplatz

Finde die passenden Schläger für die einzelnen Löcher. Rechne auf einem Blockzettel!

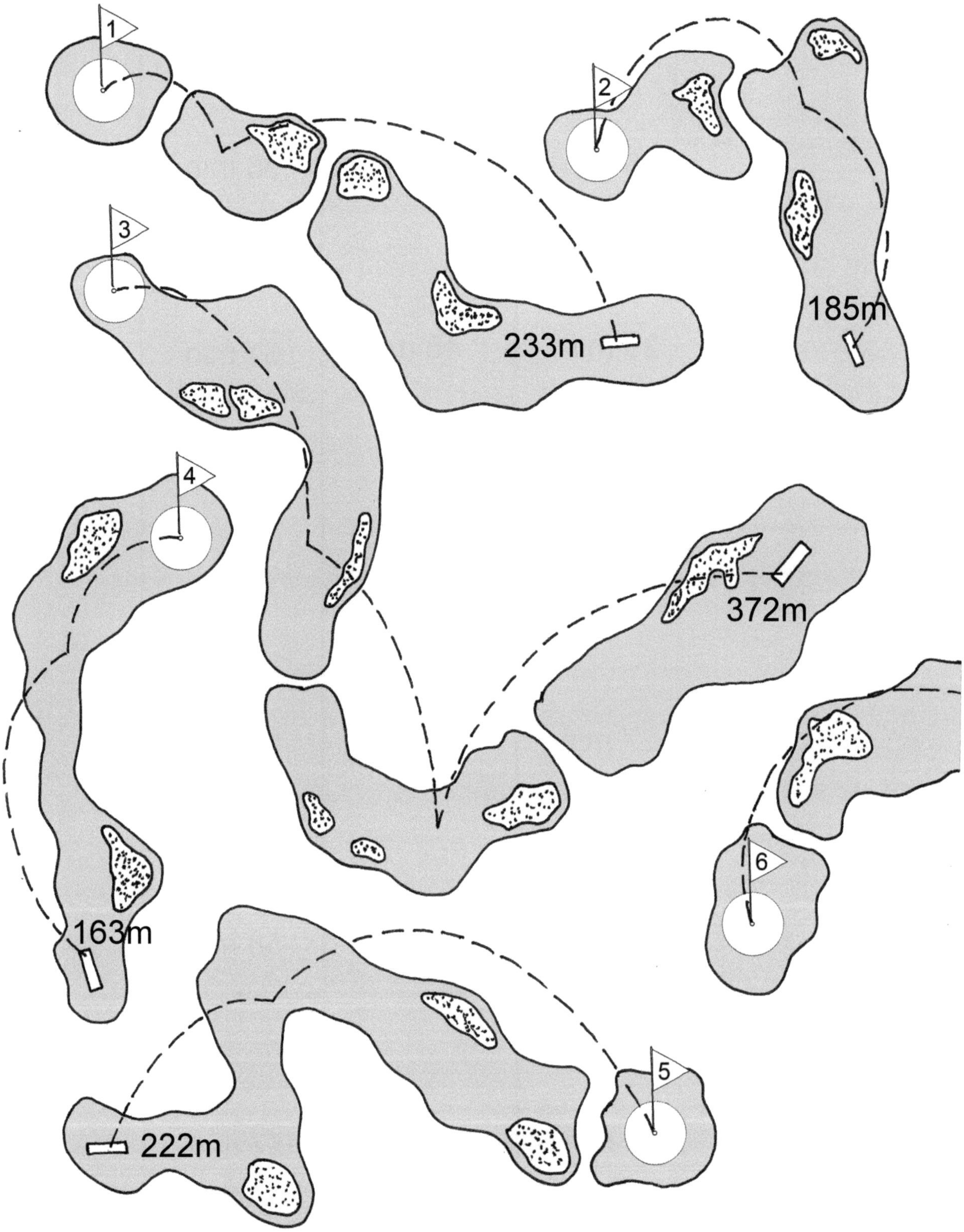

ISBN 978-3-8370-6332-5

Elisabeth Fürst

Addition

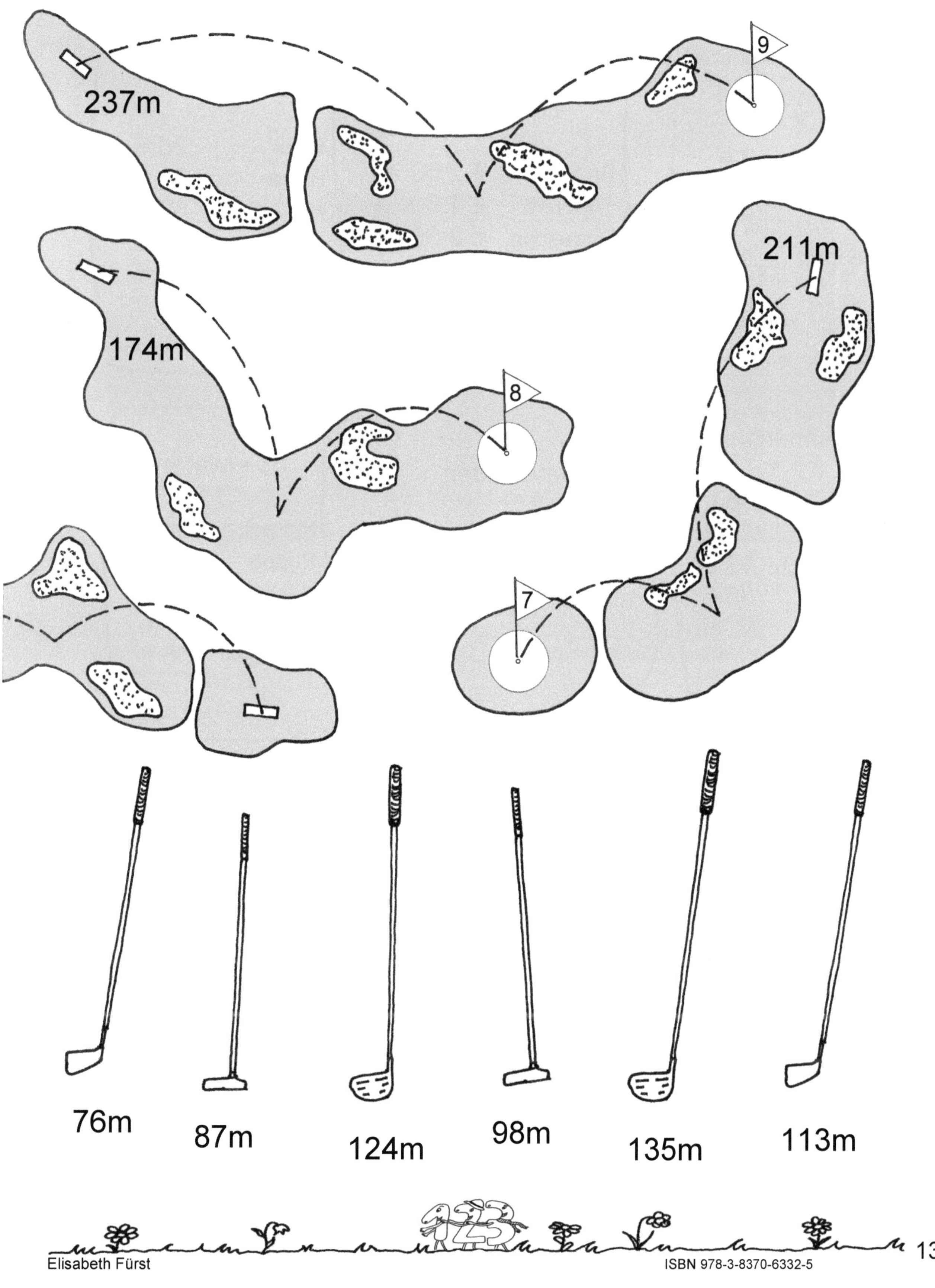

Elisabeth Fürst
ISBN 978-3-8370-6332-5

Addition

Herr und Frau Kaufmann waren in verschiedenen Geschäften einkaufen.
Rechne zuerst die Summen der einzelnen Kassenbelege aus und dann
die Gesamtsumme aller Einkäufe!

Drogeriemarkt
* * *

Shampoo	7 €
Parfum	32 €
Seife	2 €
Deodorant	4 €

Bäckerei
* * *

Brot	€ 2,50
Tortenst.	€ 1,50
Pizzaschn.	€ 3,00
Mohnkrone	€ 2,00

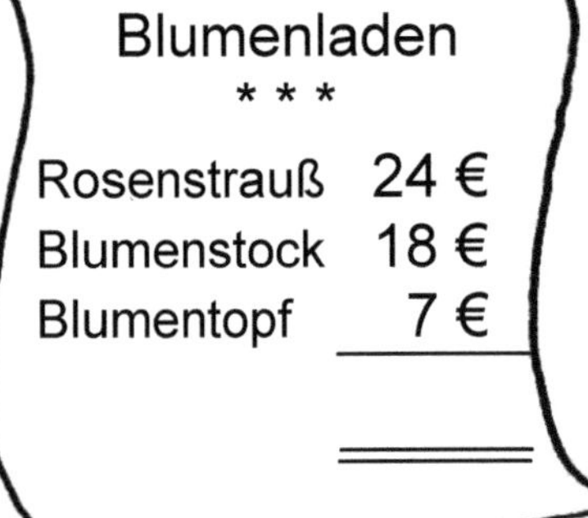

Bekleidung
* * *

Rock	28 €
Bluse	34 €
Hose	52 €
Hemd	21 €
Krawatte	8 €

Buchhandel
* * *

Roman	18 €
Kochbuch	24 €
Kinderbuch	13 €
Bildband	36 €

Blumenladen
* * *

Rosenstrauß	24 €
Blumenstock	18 €
Blumentopf	7 €

Spielwaren
* * *

Fußball	15 €
Puppe	22 €
Bausteine	34 €
Teddy	11 €
Brettspiel	38 €

Supermarkt
* * *

Nudeln	€ 2,80
Reis	€ 1,60
Milch	€ 1,20
Butter	€ 1,40
Kartoffel	€ 2,50
Orangen	€ 2,50

Schuhe
* * *

Herrenschuhe	56 €
Damenschuhe	38 €
Sandalen	17 €

Gesamtsumme

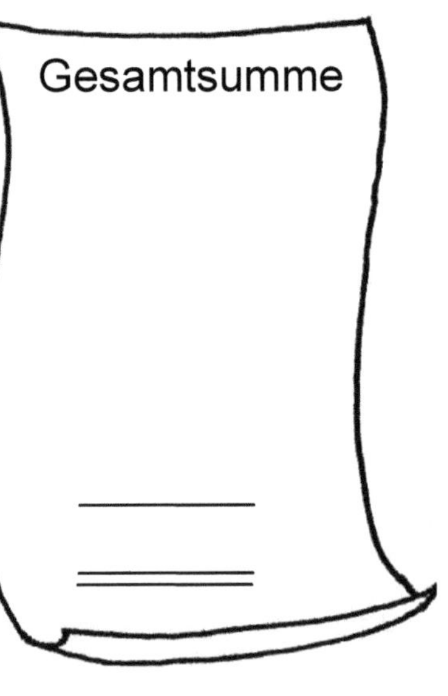

ISBN 978-3-8370-6332-5

Elisabeth Fürst

Addition

Du siehst hier die Eisenbahnstrecke Passau – Wien mit drei größeren Bahnhöfen, die zwischen diesen beiden Städten liegen. Du siehst auch, wie lange die jeweiligen Streckenabschnitte zwischen den Städten sind.

1. Wie viele Kilometer sind es von Passau nach Linz?

2. Wie lange ist die Strecke von Wels nach St. Pölten?

3. Wie viele Kilometer lang ist die Strecke von Wien nach Linz?

4. Wie viele Kilometer sind es von Passau nach Wien?

5. Wie lang ist die Strecke von St. Pölten nach Passau?

6. Wie viele Kilometer sind es von Wels nach Wien?

7. Wie viele Kilometer fährt man, wenn man zuerst von Passau nach Wien und dann zurück nach Linz fährt?

8. Herr Winter fährt zuerst von Wels nach Wien und dann zurück nach St. Pölten. Wie viele Kilometer legt er zurück?

9. Frau Müller fährt jeden Tag von Wels nach Passau und wieder zurück. Wie viele Kilometer fährt sie täglich?

Elisabeth Fürst   ISBN 978-3-8370-6332-5

Multiplikation

Bemale die Lösungsfelder bunt!

3 4 . 2

2 3 . 3

4 4 . 2

3 1 . 3

2 2 . 3

4 3 . 2

1 3 . 3

1 2 . 3

3 2 . 3

2 2 . 4

3 1 . 2

4 2 . 2

1 1 . 6

2 4 . 2

2 1 . 4

1 4 . 2

2 0 . 4

4 1 . 2

ISBN 978-3-8370-6332-5

Elisabeth Fürst

Multiplikation

Hoppel und Moppel ernten Salat. Hoppel bekommt alle Salatköpfe mit geraden Zahlen als Ergebnis, Moppel bekommt jene mit einem ungeraden Ergebnis.

$123 \cdot 3 =$

$33 \cdot 2 =$

Hoppel

$212 \cdot 4 =$

$143 \cdot 2 =$

$122 \cdot 4 =$

$331 \cdot 3 =$

$432 \cdot 2 =$

Moppel

$341 \cdot 2 =$

$233 \cdot 3 =$

Elisabeth Fürst   ISBN 978-3-8370-6332-5

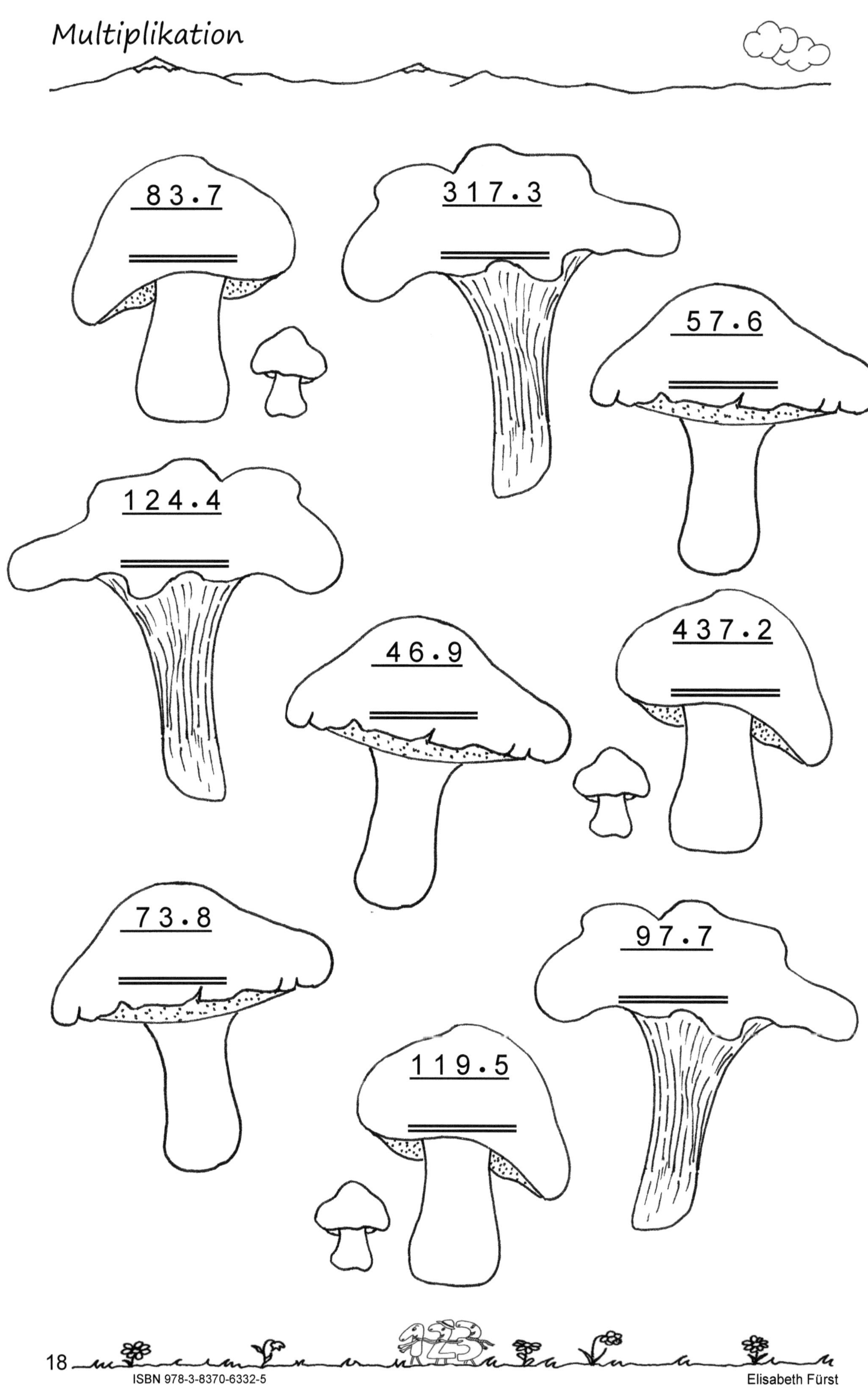

ISBN 978-3-8370-6332-5

Elisabeth Fürst

Multiplikation

Verbinde die Ergebnisse in der richtigen Reihenfolge!

1 2 8 . 3	1 7 . 5	2 4 7 . 2	3 8 . 6	5 4 . 7

2 9 . 4	2 2 9 . 3	7 6 . 5	6 9 . 8	3 2 6 . 3

2 3 8 . 2	6 3 . 7	1 4 6 . 2	8 3 . 9	5 9 . 6

5 8 . 9	1 4 9 . 2	3 7 . 8	2 3 5 . 2	4 8 . 4

2 2 8 . 3	2 9 . 5	3 1 4 . 3	6 2 . 6	4 7 . 7

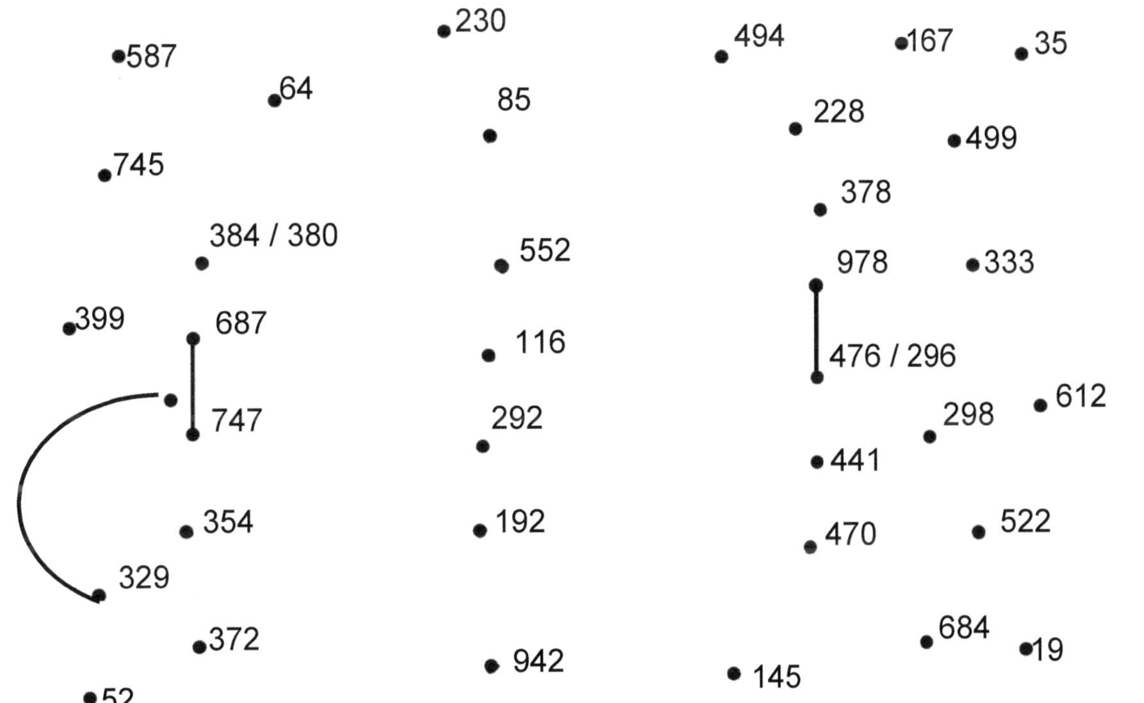

Elisabeth Fürst

ISBN 978-3-8370-6332-5

ISBN 978-3-8370-6332-5
Elisabeth Fürst

Multiplikation

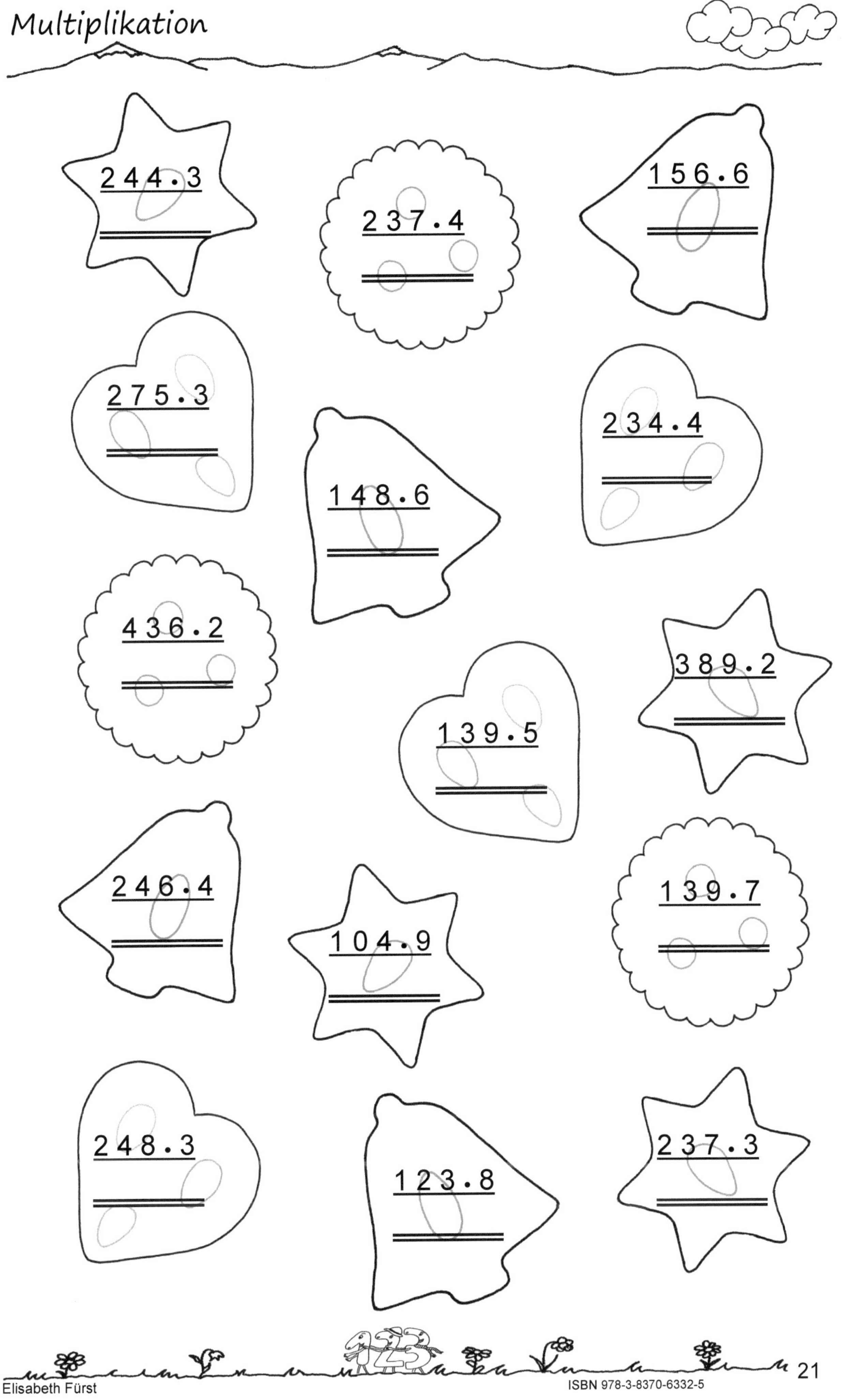

Elisabeth Fürst
ISBN 978-3-8370-6332-5

Multiplikation

Dieser Wegweiser zeigt dir, wie viele Kilometer (Luftlinie) diese Hauptstädte europäischer Staaten von **München** (Deutschland) entfernt sind.

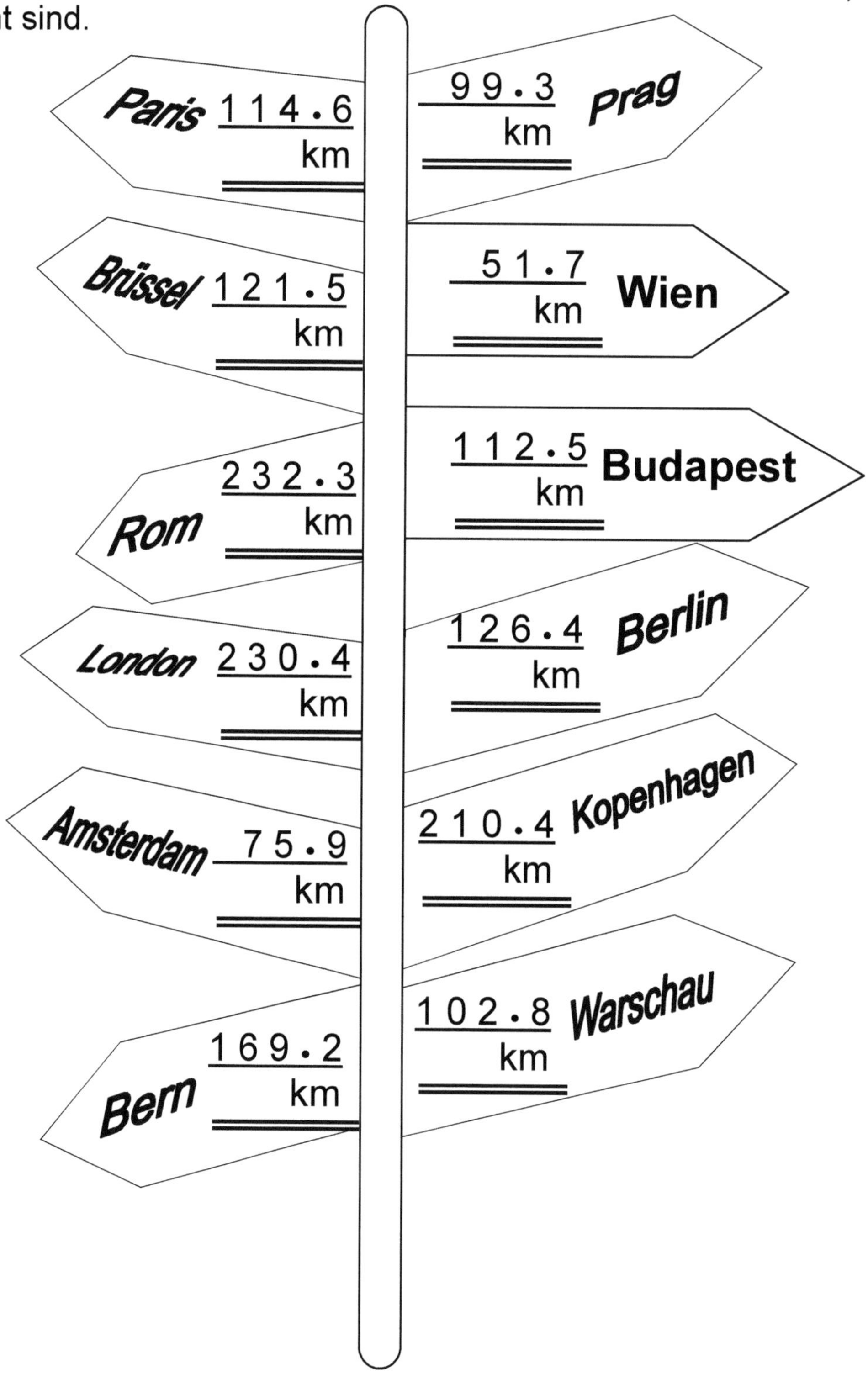

Suche die Städte in einem Atlas und bestimme die dazugehörigen Länder!

ISBN 978-3-8370-6332-5

Elisabeth Fürst

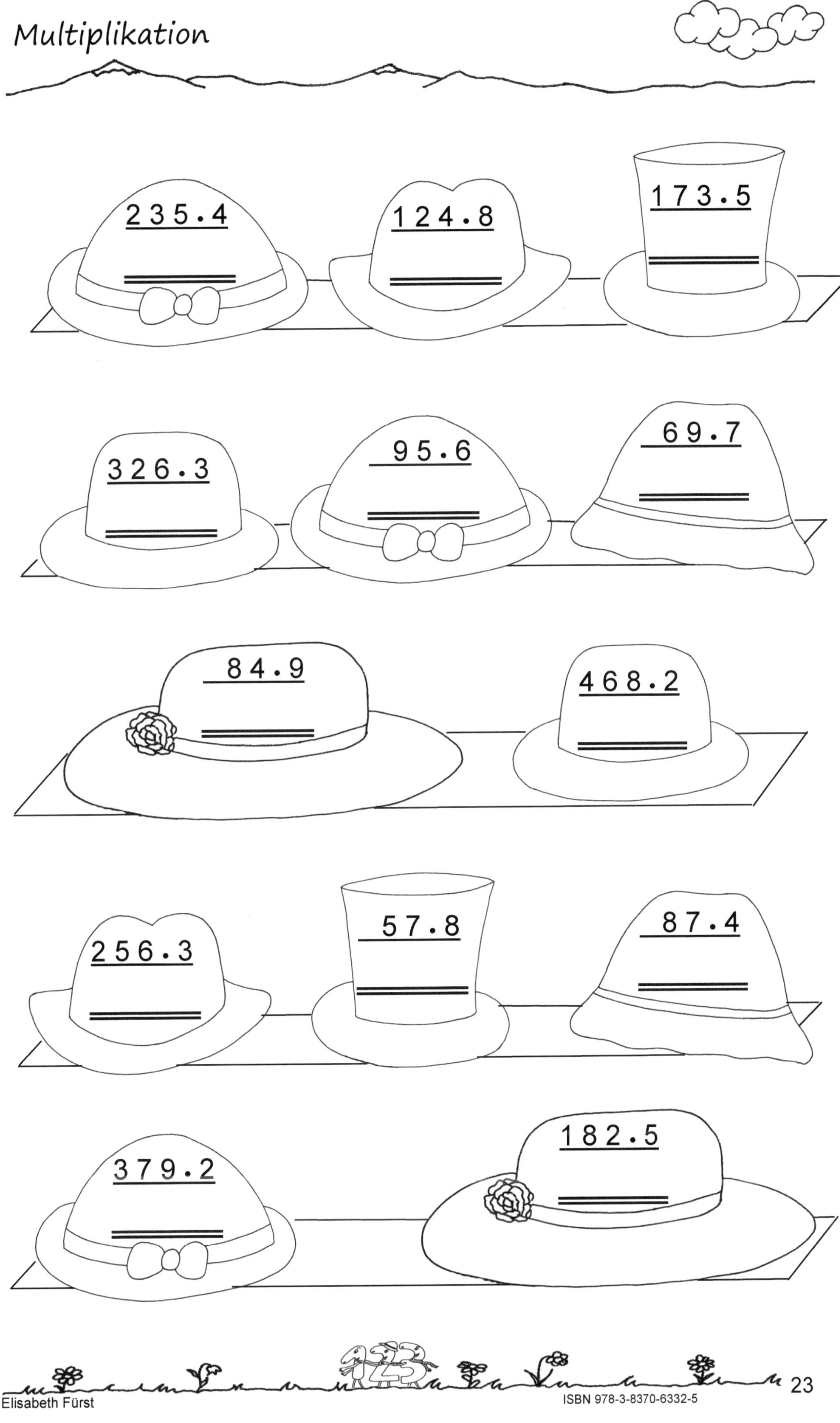

Elisabeth Fürst
ISBN 978-3-8370-6332-5

Seen in Mitteleuropa

Rechne aus! Die Lösungen findest du in den Umrissen einiger bekannter Seen Mitteleuropas. Die Zahlen geben dir darüber Auskunft, wie viele Meter tief die jeweiligen Seen an ihrer tiefsten Stelle sind.

$21 \cdot 4 =$ $173 \cdot 2 =$ $62 \cdot 5 =$ $84 \cdot 3 =$

$32 \cdot 4 =$ $37 \cdot 2 =$ $19 \cdot 9 =$ $47 \cdot 3 =$

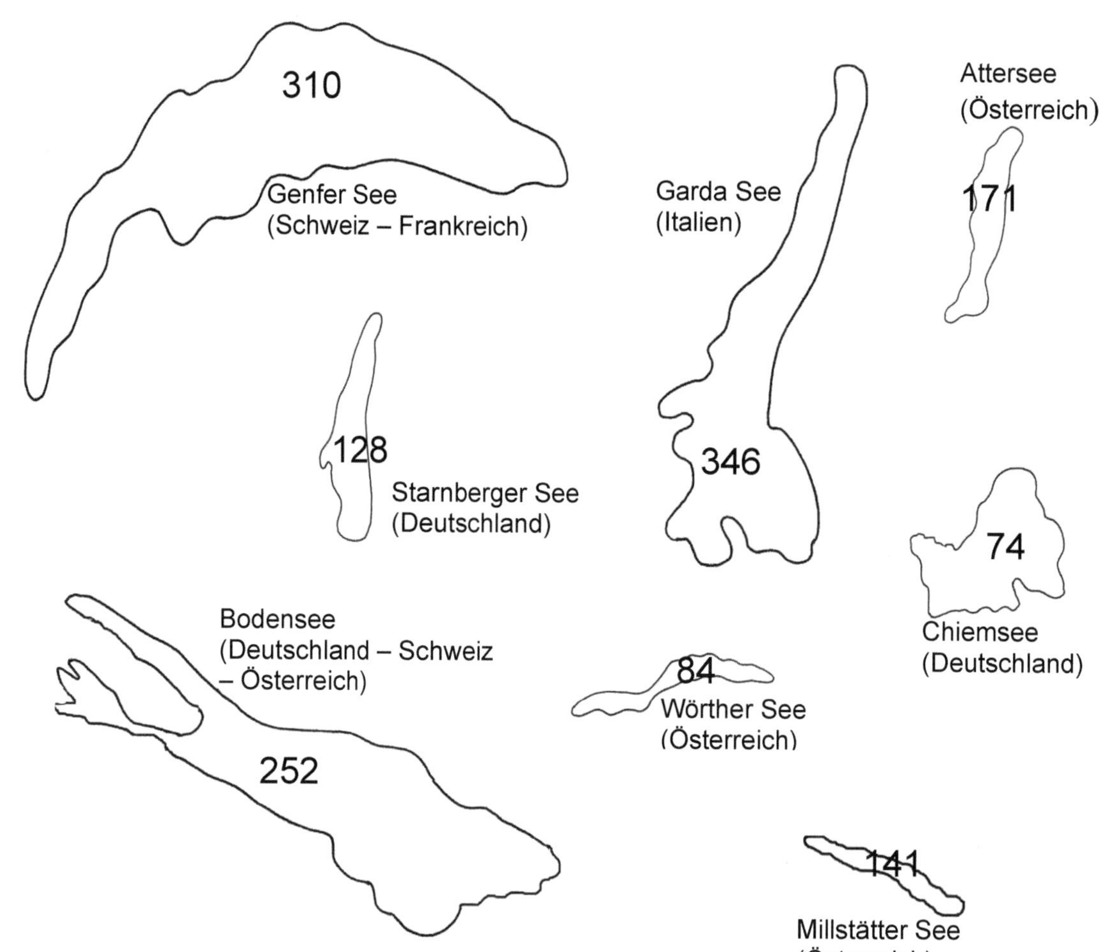

Suche diese Seen in einem Atlas!

ISBN 978-3-8370-6332-5

Elisabeth Fürst

Im Spielzeugladen

1. Herr Mitter hat 4 Töchter. Er kauft für jede Tochter eine Kasperlpuppe.
   Wie viel muss er bezahlen?

2. Tina kauft ihrer Freundin zum Geburtstag 3 Geschichtenbücher.
   Wie viel muss sie bezahlen?

3. Der Direktor einer Schule kauft 8 neue Springseile und 7 neue Bälle.
   Wie viel muss er bezahlen?

4. Frau Hubinger hat viele Enkelkinder. Sie kauft für ihre jüngeren
   Enkelkinder 6 Teddybären und für die älteren Enkelkinder
   5 Geschichtenbücher.
   Wie viel muss sie bezahlen?

5. Familie Nett will Spielsachen für arme Kinder spenden. Gemeinsam
   kaufen sie 5 Teddys, 4 Bälle, 6 Springseile und
   5 Geschichtenbücher.
   Wie viel müssen sie bezahlen?

6. Die Zwillinge Simon und Stefan wollen alles gleich. Sie kaufen sich 2
   Bälle, 2 Geschichtenbücher und 2 Kasperlpuppen.

Elisabeth Fürst
ISBN 978-3-8370-6332-5

Subtraktion

$$\begin{array}{r} 549 \\ -\ 312 \\ \hline \hline \end{array} \qquad \begin{array}{r} 687 \\ -\ 503 \\ \hline \hline \end{array} \qquad \begin{array}{r} 774 \\ -\ 602 \\ \hline \hline \end{array}$$

$$\begin{array}{r} 259 \\ -\ 246 \\ \hline \hline \end{array} \qquad \begin{array}{r} 873 \\ -\ 732 \\ \hline \hline \end{array} \qquad \begin{array}{r} 947 \\ -\ 325 \\ \hline \hline \end{array}$$

$$\begin{array}{r} 368 \\ -\ 254 \\ \hline \hline \end{array} \qquad \begin{array}{r} 436 \\ -\ 221 \\ \hline \hline \end{array} \qquad \begin{array}{r} 884 \\ -\ 263 \\ \hline \hline \end{array}$$

$$\begin{array}{r} 847 \\ -\ 335 \\ \hline \hline \end{array} \qquad \begin{array}{r} 563 \\ -\ 232 \\ \hline \hline \end{array}$$

$$\begin{array}{r} 793 \\ -\ 460 \\ \hline \hline \end{array} \qquad \begin{array}{r} 957 \\ -\ 741 \\ \hline \hline \end{array} \qquad \begin{array}{r} 482 \\ -\ 352 \\ \hline \hline \end{array}$$

$$\begin{array}{r} 658 \\ -\ 236 \\ \hline \hline \end{array}$$

Snowflake-Lösungen: 237 · 130 · 13 · 331 · 114 · 621 · 333 · 215 · 172 · 216 · 184 · 622 · 512 · 141 · 422

ISBN 978-3-8370-6332-5

Elisabeth Fürst

Welcher Ball trifft?

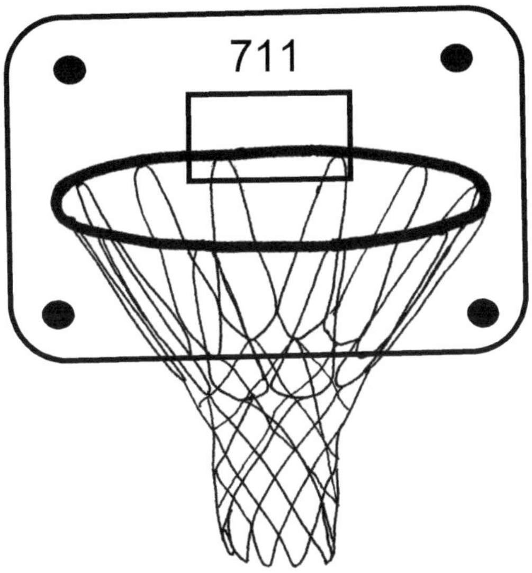

711

$$758 - 326$$

$$683 - 451$$

$$764 - 612$$

$$947 - 534$$

$$539 - 328$$

$$952 - 232$$

$$863 - 152$$

$$463 - 351$$

$$648 - 635$$

$$379 - 125$$

$$558 - 246$$

Elisabeth Fürst · ISBN 978-3-8370-6332-5

Subtraktion

In welcher Muschel befindet sich die schöne Perle?

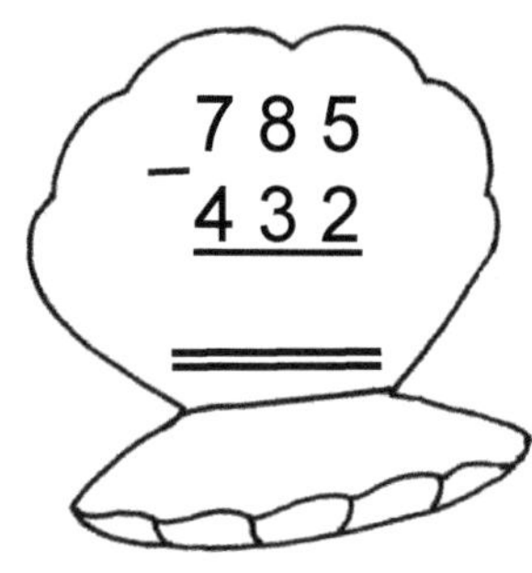

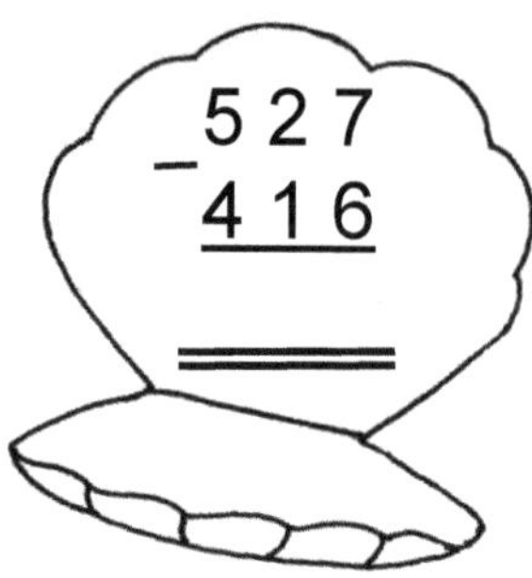

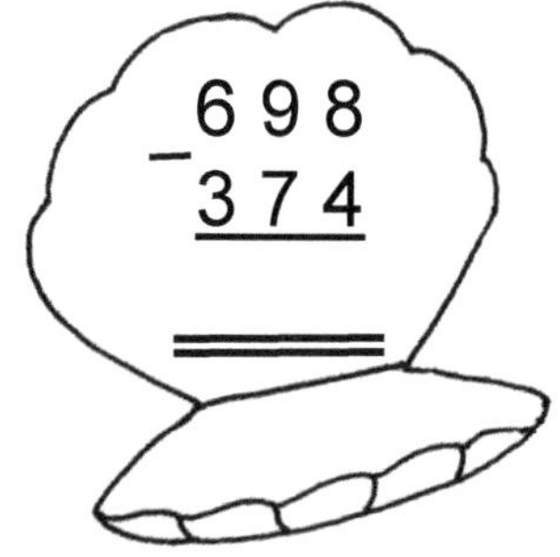

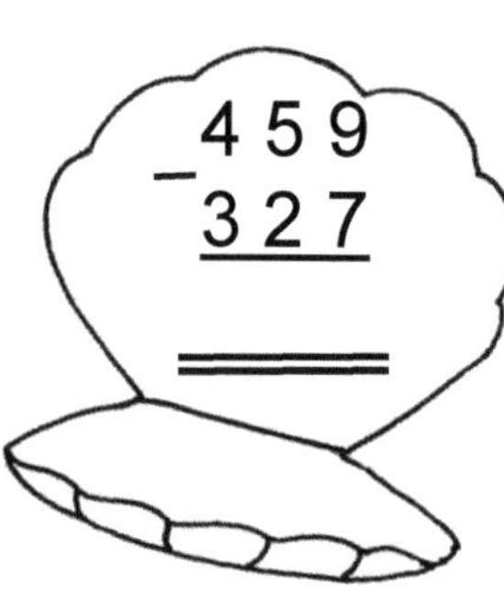

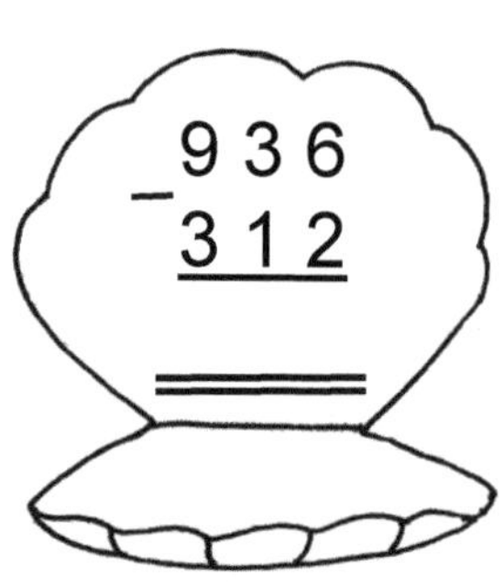

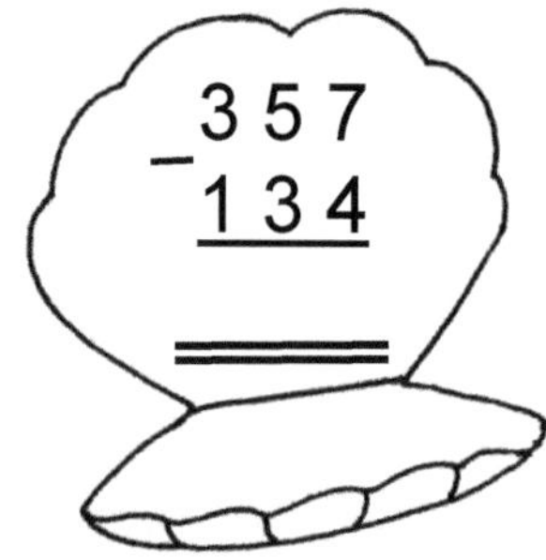

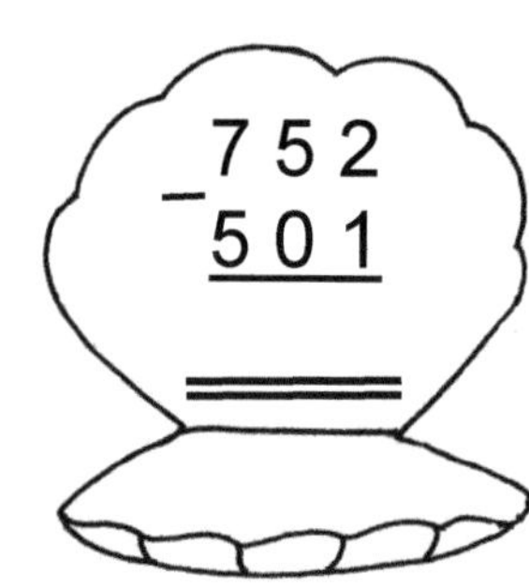

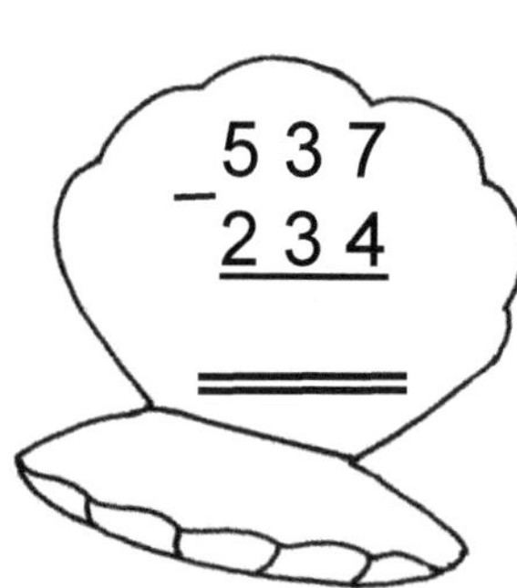

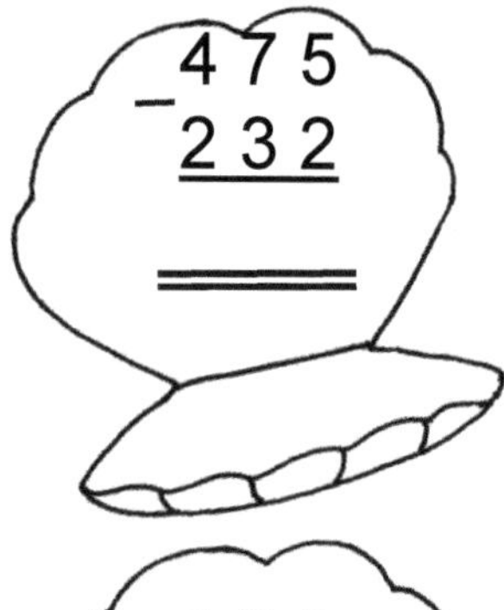

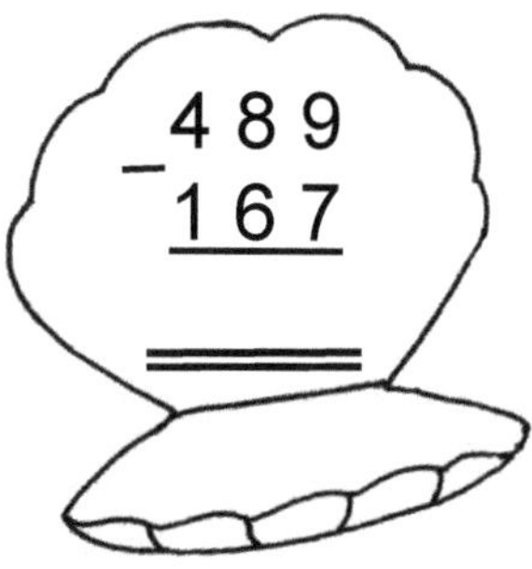

ISBN 978-3-8370-6332-5

Elisabeth Fürst

Subtraktion

Auf welcher Insel befindet sich der Piratenschatz?

Elisabeth Fürst
ISBN 978-3-8370-6332-5

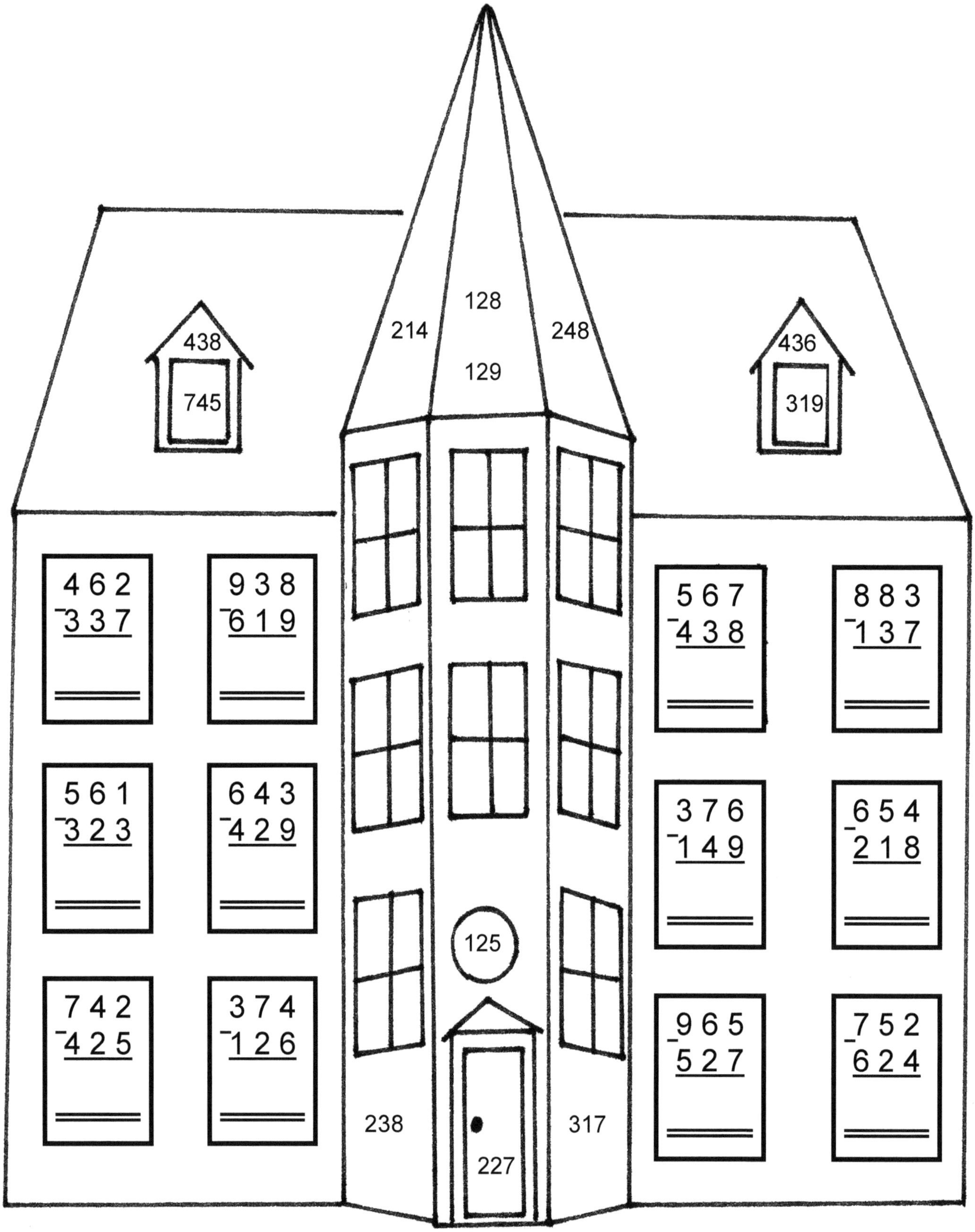

Subtraktion

$$\begin{array}{r} 4\,6\,2 \\ -\,3\,3\,7 \\ \hline \end{array} \qquad \begin{array}{r} 9\,3\,8 \\ -\,6\,1\,9 \\ \hline \end{array} \qquad\qquad \begin{array}{r} 5\,6\,7 \\ -\,4\,3\,8 \\ \hline \end{array} \qquad \begin{array}{r} 8\,8\,3 \\ -\,1\,3\,7 \\ \hline \end{array}$$

$$\begin{array}{r} 5\,6\,1 \\ -\,3\,2\,3 \\ \hline \end{array} \qquad \begin{array}{r} 6\,4\,3 \\ -\,4\,2\,9 \\ \hline \end{array} \qquad\qquad \begin{array}{r} 3\,7\,6 \\ -\,1\,4\,9 \\ \hline \end{array} \qquad \begin{array}{r} 6\,5\,4 \\ -\,2\,1\,8 \\ \hline \end{array}$$

$$\begin{array}{r} 7\,4\,2 \\ -\,4\,2\,5 \\ \hline \end{array} \qquad \begin{array}{r} 3\,7\,4 \\ -\,1\,2\,6 \\ \hline \end{array} \qquad\qquad \begin{array}{r} 9\,6\,5 \\ -\,5\,2\,7 \\ \hline \end{array} \qquad \begin{array}{r} 7\,5\,2 \\ -\,6\,2\,4 \\ \hline \end{array}$$

438 · 745 · 214 · 128 · 248 · 129 · 436 · 319 · 125 · 238 · 227 · 317

ISBN 978-3-8370-6332-5

Elisabeth Fürst

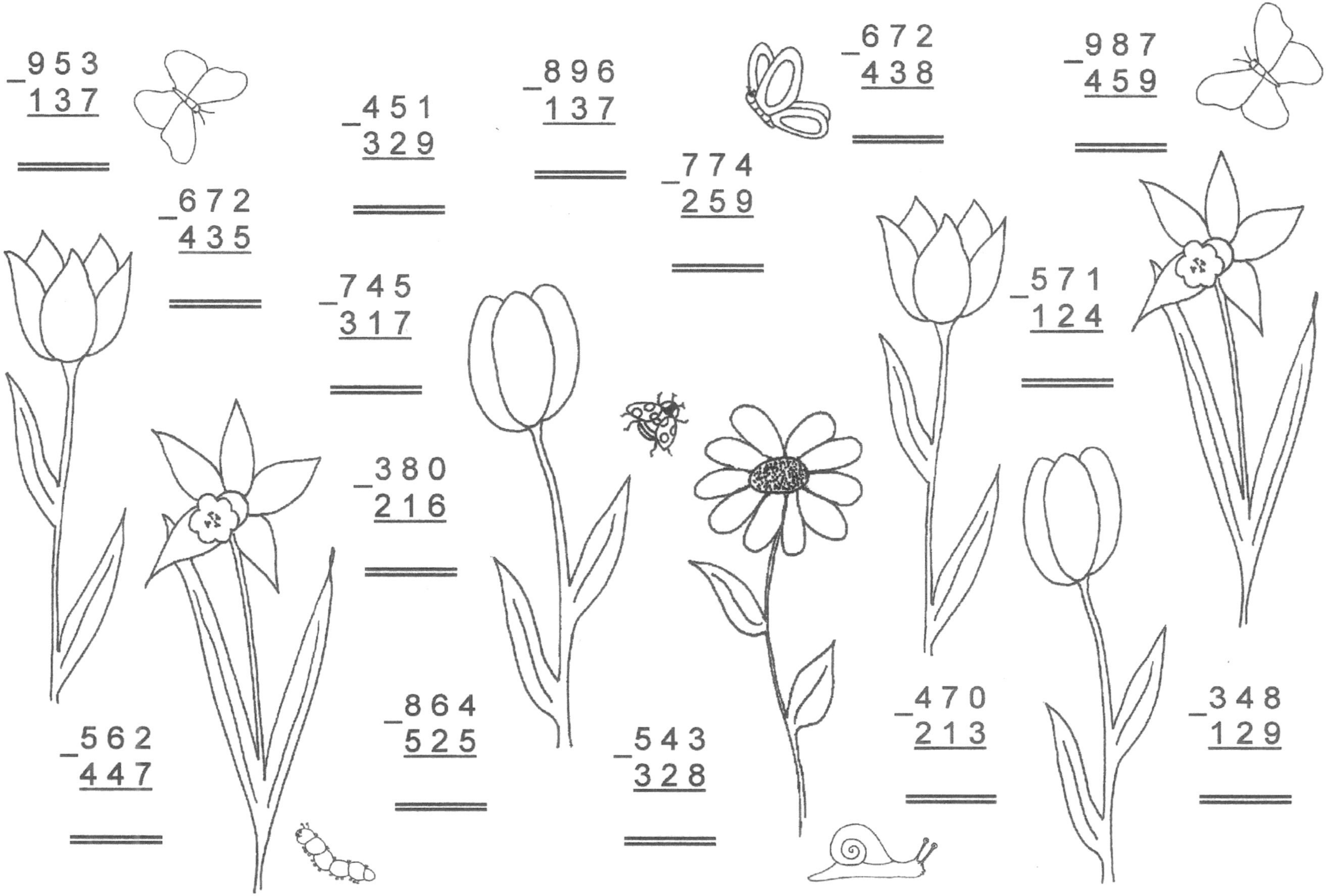

Subtraktion

$$987 - 459 =$$

$$348 - 129 =$$

$$571 - 124 =$$

$$672 - 438 =$$

$$470 - 213 =$$

$$774 - 259 =$$

$$896 - 137 =$$

$$543 - 328 =$$

$$451 - 329 =$$

$$745 - 317 =$$

$$380 - 216 =$$

$$864 - 525 =$$

$$672 - 435 =$$

$$953 - 137 =$$

$$562 - 447 =$$

Elisabeth Fürst — ISBN 978-3-8370-6332-5

− 4 6 7
  2 8 4
	− 5 4 5
	  3 5 2
		− 8 3 4
		  4 6 9
			− 7 9 3
			  5 2 6
				− 4 7 3
				  1 8 5

− 6 5 3
  2 7 6

− 5 2 4
  1 3 7

− 4 5 2
  2 1 8

− 7 6 5
  4 3 7

− 6 3 1
  2 4 2

− 9 4 8
  5 5 7

− 8 0 6
  4 3 9

− 9 8 4
  3 4 6

− 7 2 7
  6 5 2

− 4 5 9
  1 8 0

− 5 9 3
  3 3 7
	− 7 4 1
	  6 5 3
		− 9 5 4
		  2 6 6
			− 6 5 3
			  6 0 2
				8 7 2
				  5 4 6

ISBN 978-3-8370-6332-5

Elisabeth Fürst

Subtraktion

673 − 458 =

752 − 236 =

853 − 288 =

513 − 157 =

944 − 589 =

847 − 359 =

1000 − 642 =

605 − 458 =

324 − 106 =

285 − 146 =

1000 − 738 =

ISBN 978-3-8370-6332-5

Subtraktion

```
_ 4 5 7      _ 8 9 1      _ 5 3 4      _ 6 8 2      _ 7 4 3
  3 6 2        5 4 6        2 6 4        4 9 3        2 5 7
═══════      ═══════      ═══════      ═══════      ═══════


_ 6 4 3      1 0 0 0      _ 3 0 1      _ 7 4 2      _ 4 9 2
  3 7 4      _ 7 9 5        1 2 9        3 5 3        3 8 4
═══════      ═══════      ═══════      ═══════      ═══════


_ 8 0 6      _ 9 7 3      _ 8 5 2      _ 6 4 4      _ 9 4 5
  6 5 7        3 6 5        4 7 3        5 6 9        5 6 6
═══════      ═══════      ═══════      ═══════      ═══════


_ 7 3 1      _ 4 5 1      _ 5 6 2      _ 2 0 3      _ 8 4 2
  7 0 2        2 8 2        1 7 3        1 4 5        3 5 7
═══════      ═══════      ═══════      ═══════      ═══════
```

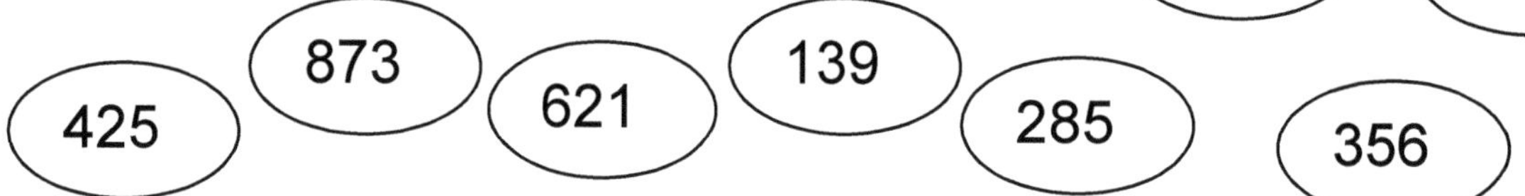

Bilde aus den 8 Zahlen verschiedene Subtraktionen. Achte darauf, dass die größere Zahl immer oben stehen muss!

947   584   873   621   139   285   356   425

ISBN 978-3-8370-6332-5

Elisabeth Fürst

 <u>Sachaufgaben</u>

1. Peter hat 619 € gespart. Er kauft sich ein Fahrrad um 235 €.

   Wie viel Geld hat er noch?

2. Frau Kummer verdient im Monat 1000 €. Die Miete für ihre Wohnung

   beträgt 435 €. Für Strom- und Heizung bezahlt sie 122 € monatlich.

   Wie viel Geld bleibt ihr noch?

3. Peter ist 161 cm groß. Anna ist 148 cm groß.

   Um wie viel ist Peter größer?

4. Auf einem Feld wachsen 635 Salatköpfe.

   Der Bauer erntet 346 Stück.

   Wie viele Salatköpfe bleiben auf dem Feld stehen?

5. Herr Eder geht einkaufen. Die Rechnung beträgt 129 €. Er bezahlt mit

   einem 200 Euroschein.

   Wie viel Geld bekommt er heraus?

6. Am Sonntag besuchten 243 Personen das Kino. Am Montag kamen

   nur 156 Kinobesucher.

   Um wie viele Besucher waren es am Montag weniger?

7. Ein LKW hat 328 Kisten geladen. Die Ladung ist für drei verschiedene

   Kunden bestimmt. Bei seinem ersten Kunden liefert er 125 Kisten, bei

   seinem zweiten Kunden 93 Kisten ab. 

   Wie viele Kisten erhält der dritte Kunde?

8. Marlene hat schon 216 Seiten ihres Buches gelesen. Anita ist erst auf

   Seite 187.

   Um wie viele Seiten hat Marlene mehr gelesen?

Elisabeth Fürst   ISBN 978-3-8370-6332-5

Wer fährt am liebsten mit welchem Verkehrsmittel?

$848 : 4 = $ _____

$488 : 4 = $ _____

$996 : 3 = $ _____

$396 : 3 = $ _____

$468 : 2 = $ _____

$624 : 2 = $ _____

234 = Traktor
132 = Eisenbahn
312 = Bus
212 = Auto
332 = Fahrrad
122 = Motorrad

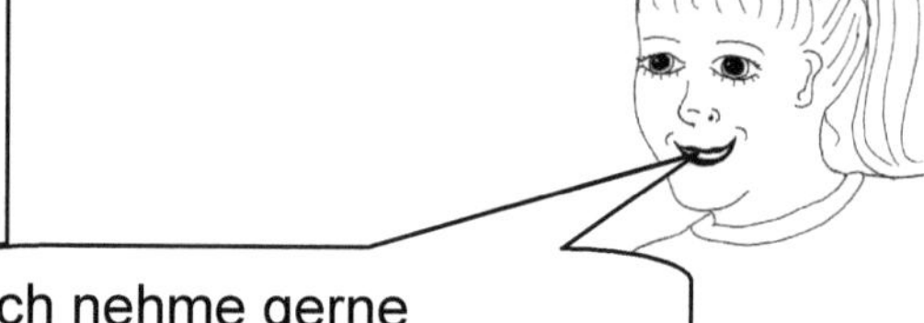

ISBN 978-3-8370-6332-5

Elisabeth Fürst

Division

$728 : 8 =$ _____ $306 : 6 =$ _____ $186 : 2 =$ _____

$216 : 3 =$ _____ $546 : 6 =$ _____ $368 : 4 =$ _____

$497 : 7 =$ _____ $819 : 9 =$ _____   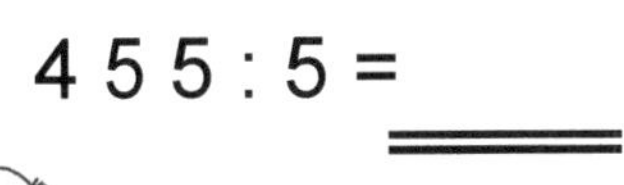 $455 : 5 =$ _____

$648 : 8 =$ _____ $279 : 3 =$ _____ $166 : 2 =$ _____

$427 : 7 =$ _____ $168 : 4 =$ _____

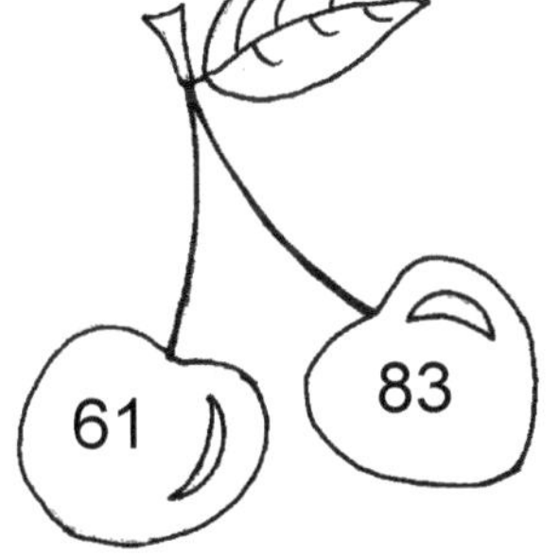

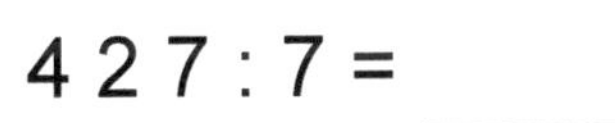
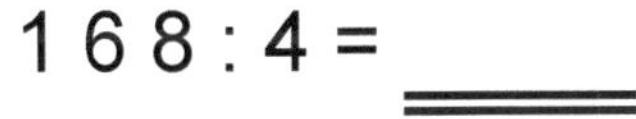

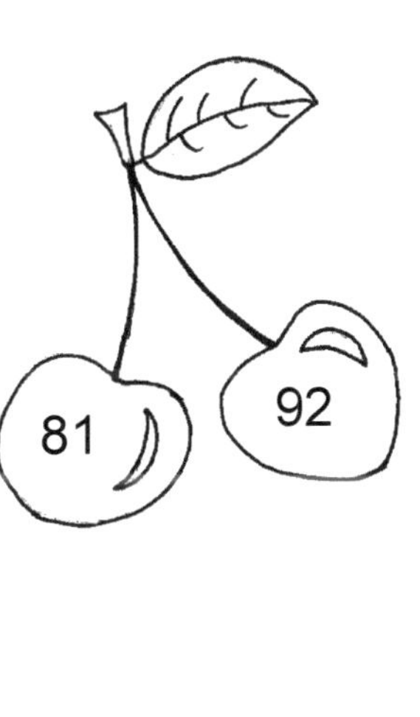

Division

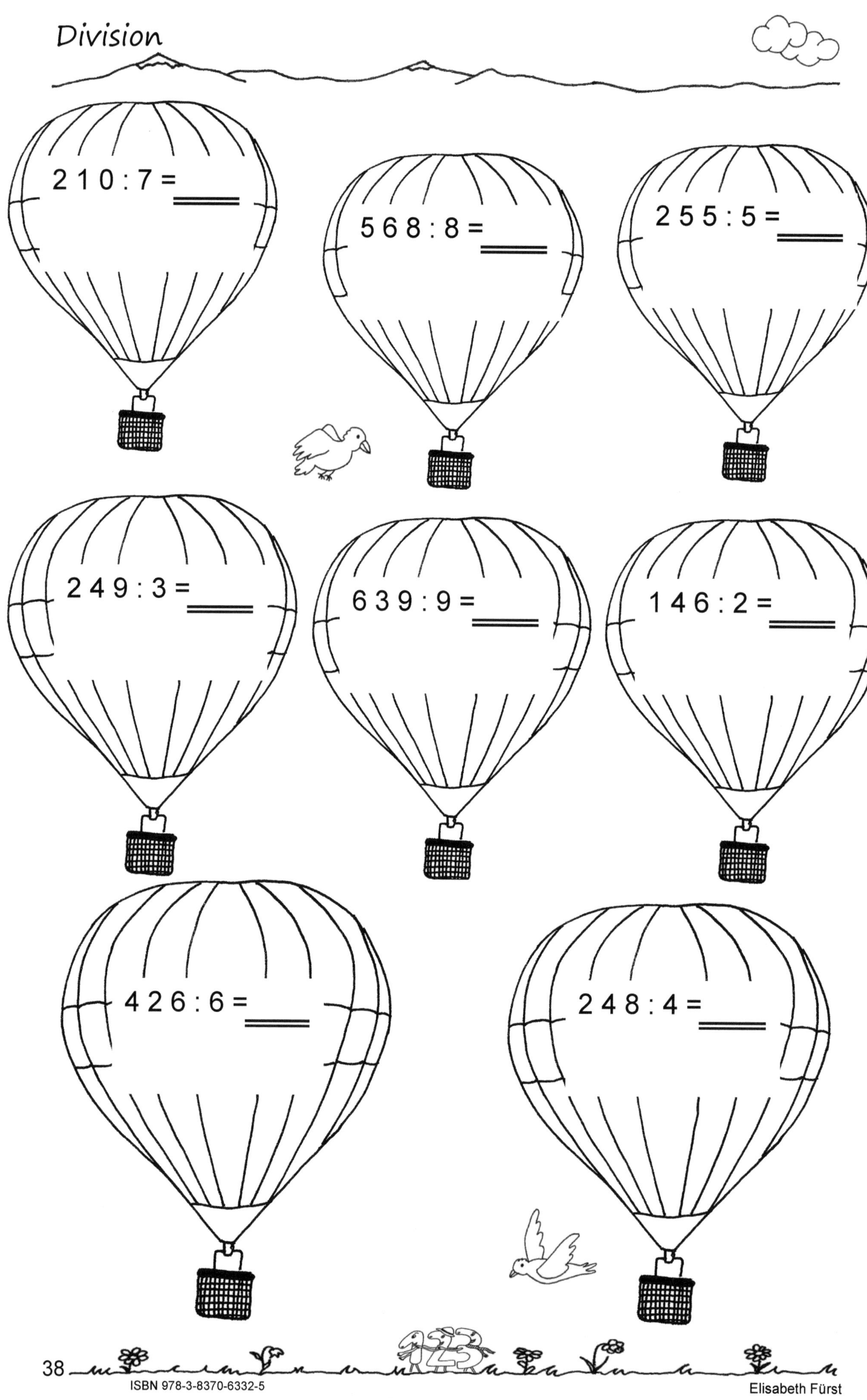

ISBN 978-3-8370-6332-5

Elisabeth Fürst

Division

Verbinde die Ergebnisse in der richtigen Reihenfolge! Die Reihenfolge ergibt sich aus der Größe der Zahlen. Beginne mit der kleinsten Zahl!

$637 : 7 =$ _____

$936 : 3 =$ _____

$864 : 2 =$ _____

$328 : 4 =$ _____

$486 : 6 =$ _____

$366 : 6 =$ _____

$720 : 9 =$ _____

$693 : 3 =$ _____

$255 : 5 =$ _____

$426 : 6 =$ _____

$399 : 3 =$ _____

$288 : 4 =$ _____

· 43   · 93   · 244   · 318

· 82   · 91   · 104   · 232

· 51 / 81   · 61   · 133   · 356

· 71   · 146

· 72

· 84   · 80 / 231   · 412

· 85   · 312

· 89   · 74   · 529

· 345

· 95   · 288   · 458

· 432

Elisabeth Fürst   ISBN 978-3-8370-6332-5

Division

Rechenrätsel

Was befindet sich in der Schatztruhe?

9 8 1 : 9 = ______ **4)**	6 2 1 : 3 = ______ **3)**
2 6 8 : 2 = ______ **7)**	9 4 4 : 8 = ______ **6)**
7 7 0 : 5 = ______ **1)**	8 1 9 : 7 = ______ **2)**
8 2 8 : 4 = ______ **5)**	7 0 8 : 6 = ______ **9)**
9 9 0 : 5 = ______ **8)**	

118 = **N**

154 = **D**

109 = **M**

117 = **I**

134 = **T**

207 = **A**

198 = **E**

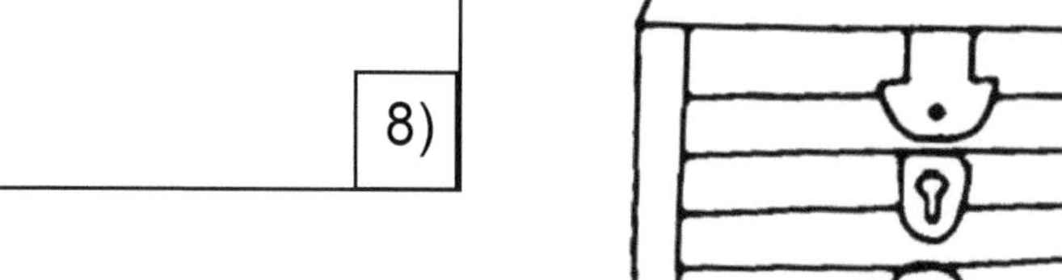

1)	2)	3)	4)	5)	6)	7	8)	9)

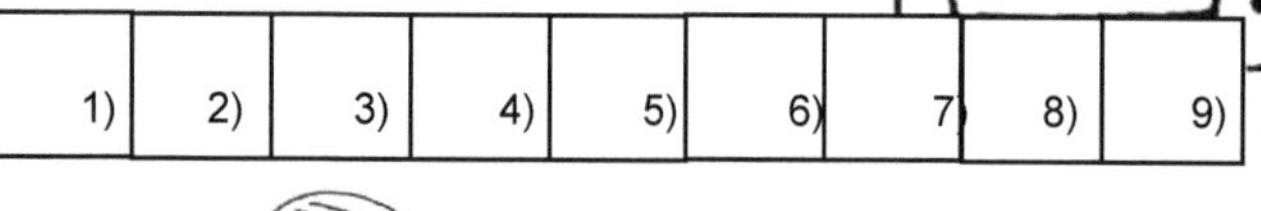

ISBN 978-3-8370-6332-5

Elisabeth Fürst

$243 : 9 =$ _______

$804 : 6 =$ _______

$738 : 2 =$ _______

$915 : 5 =$ _______

$908 : 4 =$ _______

$936 : 8 =$ _______

$640 : 5 =$ _______

$795 : 3 =$ _______

$266 : 7 =$ _______

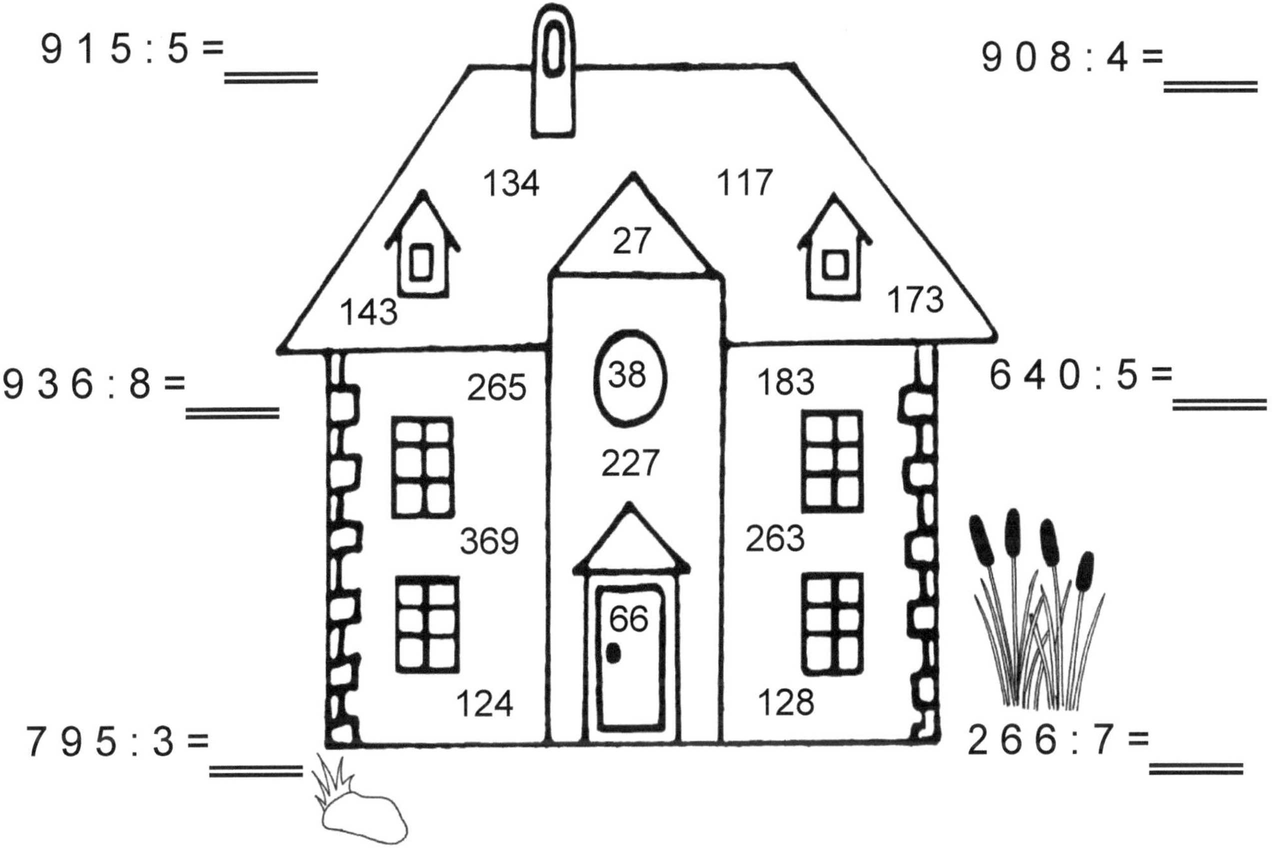

$858 : 6 =$ _______

$594 : 9 =$ _______

$692 : 4 =$ _______

$526 : 2 =$ _______

$868 : 7 =$ _______

Elisabeth Fürst   ISBN 978-3-8370-6332-5

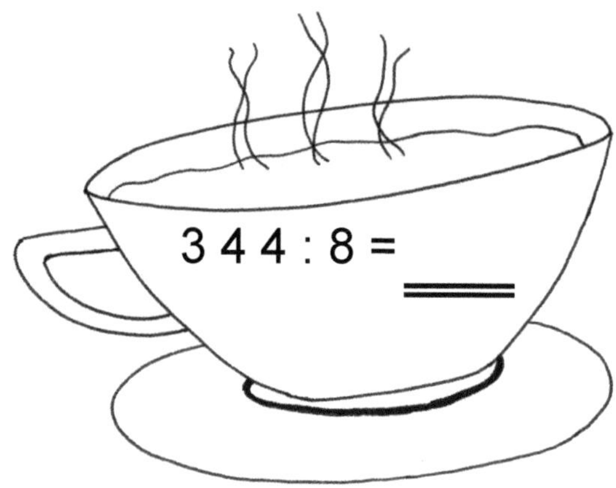

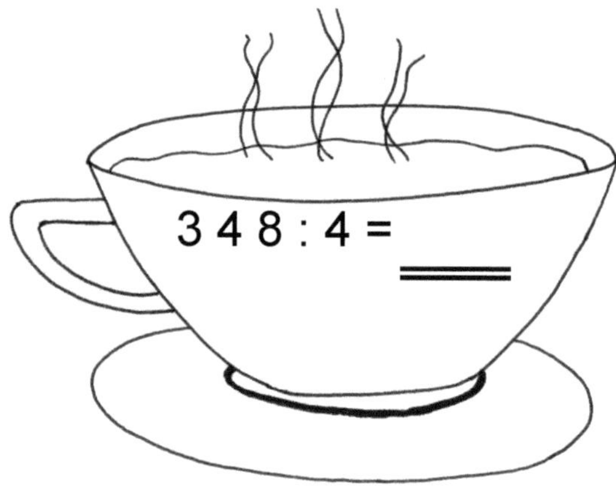

ISBN 978-3-8370-6332-5

Elisabeth Fürst

7 5 6 : 6 = _____

7 7 4 : 2 = _____

2 9 4 : 7 = _____

4 1 4 : 9 = _____

8 6 1 : 7 = _____

3 2 4 : 6 = _____

9 5 2 : 4 = _____

7 6 0 : 8 = _____

9 6 4 : 2 = _____

3 8 5 : 5 = _____

77 42 95 326 126 54 238 217 55 84 46 387 47 79 482 123

9 7 8 : 3 = _____

7 5 6 : 9 = _____

8 6 8 : 4 = _____

3 7 6 : 8 = _____

4 7 4 : 6 = _____

2 2 0 : 4 = _____

Elisabeth Fürst

ISBN 978-3-8370-6332-5

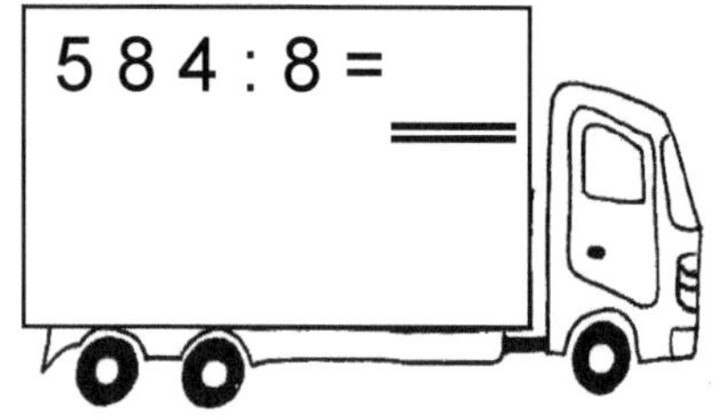

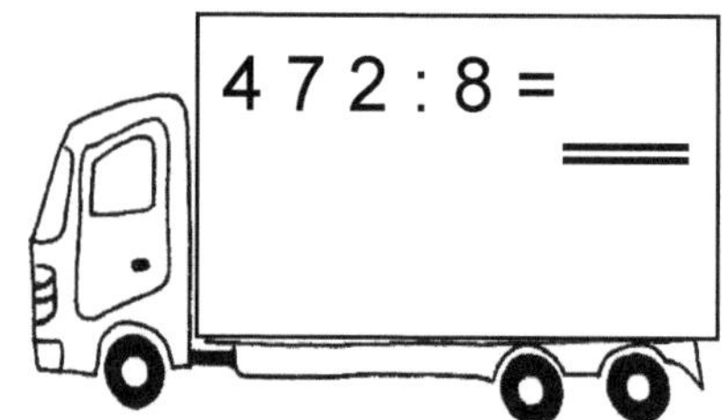

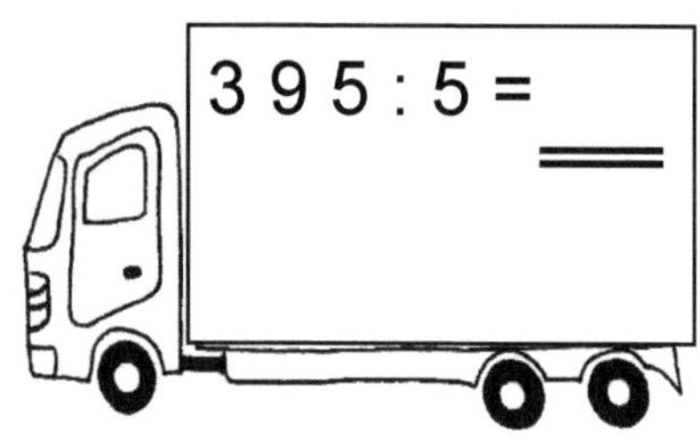

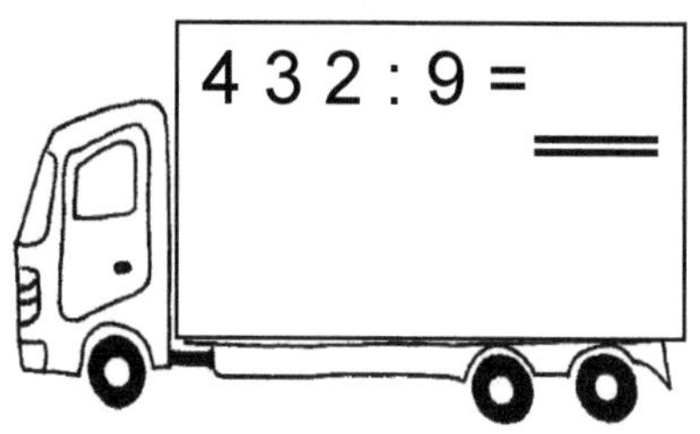

ISBN 978-3-8370-6332-5

Elisabeth Fürst

Division

Wenn du die Lösungsfelder in den richtigen Farben bemalst, erhältst du die Flaggen von 4 europäischen Ländern!

$468 : 6 =$ _____

$420 : 5 =$ _____

$496 : 8 =$ _____

$483 : 7 =$ _____

$702 : 9 =$ _____

$336 : 4 =$ _____

$564 : 6 =$ _____

$546 : 7 =$ _____

$846 : 9 =$ _____

$156 : 2 =$ _____

$672 : 8 =$ _____

$234 : 3 =$ _____

94
78
84

Deutschland

62	69	78

Frankreich

94	84	78

Belgien

78
84
78

Spanien

78 = rot
84 = gelb
62 = blau
69 = weiß
94 = schwarz

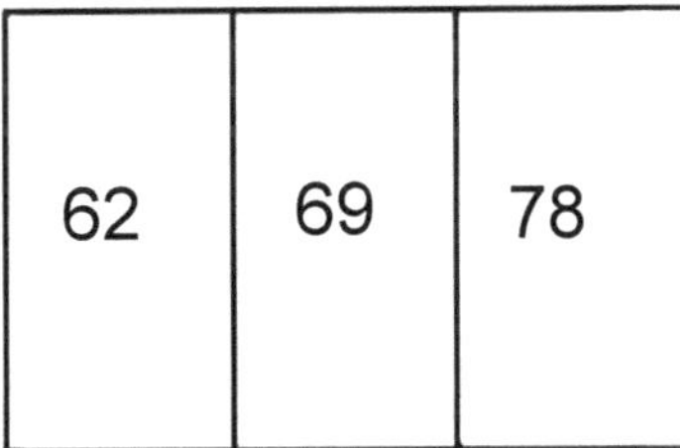

Elisabeth Fürst   ISBN 978-3-8370-6332-5

<u>Sachaufgaben</u>

1. Nina hat 4 Zirkuskarten um insgesamt 64 € gekauft.

   Wie viel kostet eine Karte?

2. Frau Koch soll 3 gleiche Kuchen für das Schulfest backen.

   Sie hat nur mehr 780 g Mehl zu Hause.

   Wie viel Mehl kann sie pro Kuchen verwenden?

3. Eine Gewinnsumme von 988 € wird auf 4 Gewinner aufgeteilt.

   Wie viel erhält jeder Gewinner?

4. Toms Oma ist 72 Jahre alt. Sie ist 6mal so alt wie Tom.

   Wie alt ist Tom?

5. Herr Lesegern kauft 7 Bücher um insgesamt 168 €.

   Wie viel kostet ein Buch?

6. Lisa und Anna haben gemeinsam 496 Legosteine. Wie viele

   Legosteine bekommt jede von ihnen, wenn sie gerecht teilen?

7. Frau Glück hat 140 € gewonnen. Sie verteilt das Geld unter ihren 4

   Kindern.

   Wie viel € bekommt jedes Kind?

8. Tim und seine zwei Brüder haben 120 Kirschen gepflückt.

   Gemeinsam mit zwei Freunden teilen sie sich die Kirschen.

   Wie viele Kirschen bekommt jedes Kind?

   (Achtung: Überlege genau, wie viele Kinder es sind!)

ISBN 978-3-8370-6332-5

Elisabeth Fürst

Gemischte Aufgaben

Kannst du Pascals Hausaufgaben kontrollieren? Mache bei den richtigen Rechnungen ein Häkchen. Streiche falsche Rechnungen durch und schreibe das richtige Ergebnis darunter!

Hausübung

148	573	357	973	752	864
+ 356	+ 228	+ 196	− 785	− 539	− 137
504	801	543	188	213	727
652	287	339	425	803	952
+ 319	+ 594	+ 475	− 397	− 574	− 684
971	781	814	028	229	268
552	462	109	308	656	531
+ 174	+ 388	+ 735	− 179	− 488	− 376
626	850	843	139	168	155

Kannst du die folgenden Aufgaben fehlerfrei lösen?

425	389	186	541	784
+ 378	+ 532	+ 472	+ 289	+ 119
═══	═══	═══	═══	═══
874	726	531	936	617
− 355	− 589	− 245	− 428	− 318
═══	═══	═══	═══	═══

Elisabeth Fürst   ISBN 978-3-8370-6332-5

Gemischte Aufgaben

$$\begin{array}{r} 47 \\ +86 \\ \underline{52} \end{array} \qquad \begin{array}{r} 974 \\ -396 \\ \hline \end{array} \qquad \begin{array}{r} 59 \\ +83 \\ \hline \end{array} \qquad \begin{array}{r} 37 \\ +76 \\ \hline \end{array} \qquad \begin{array}{r} 536 \\ -348 \\ \hline \end{array} \qquad \begin{array}{r} 845 \\ -267 \\ \hline \end{array} \qquad \begin{array}{r} 58 \\ +74 \\ \hline \end{array}$$

$$\begin{array}{r} 87 \\ +89 \\ \hline \end{array} \qquad \begin{array}{r} 173 \\ +647 \\ \hline \end{array} \qquad \begin{array}{r} 36 \\ +97 \\ \hline \end{array} \qquad \begin{array}{r} 92 \\ +78 \\ \hline \end{array} \qquad \begin{array}{r} 78 \\ +34 \\ \hline \end{array} \qquad \begin{array}{r} 742 \\ -155 \\ \hline \end{array} \qquad \begin{array}{r} 236 \\ +476 \\ \hline \end{array}$$

$$\begin{array}{r} 64 \\ +57 \\ \hline \end{array} \qquad \begin{array}{r} 604 \\ -258 \\ \hline \end{array} \qquad \begin{array}{r} 831 \\ -445 \\ \hline \end{array} \qquad \begin{array}{r} 49 \\ +57 \\ \hline \end{array}$$

ISBN 978-3-8370-6332-5

Elisabeth Fürst

Rechentürme

Rechne von oben nach unten. Als Ergebnis musst du wieder die

Ausgangszahl erhalten.

Schreibe die Zahlen ordentlich untereinander!

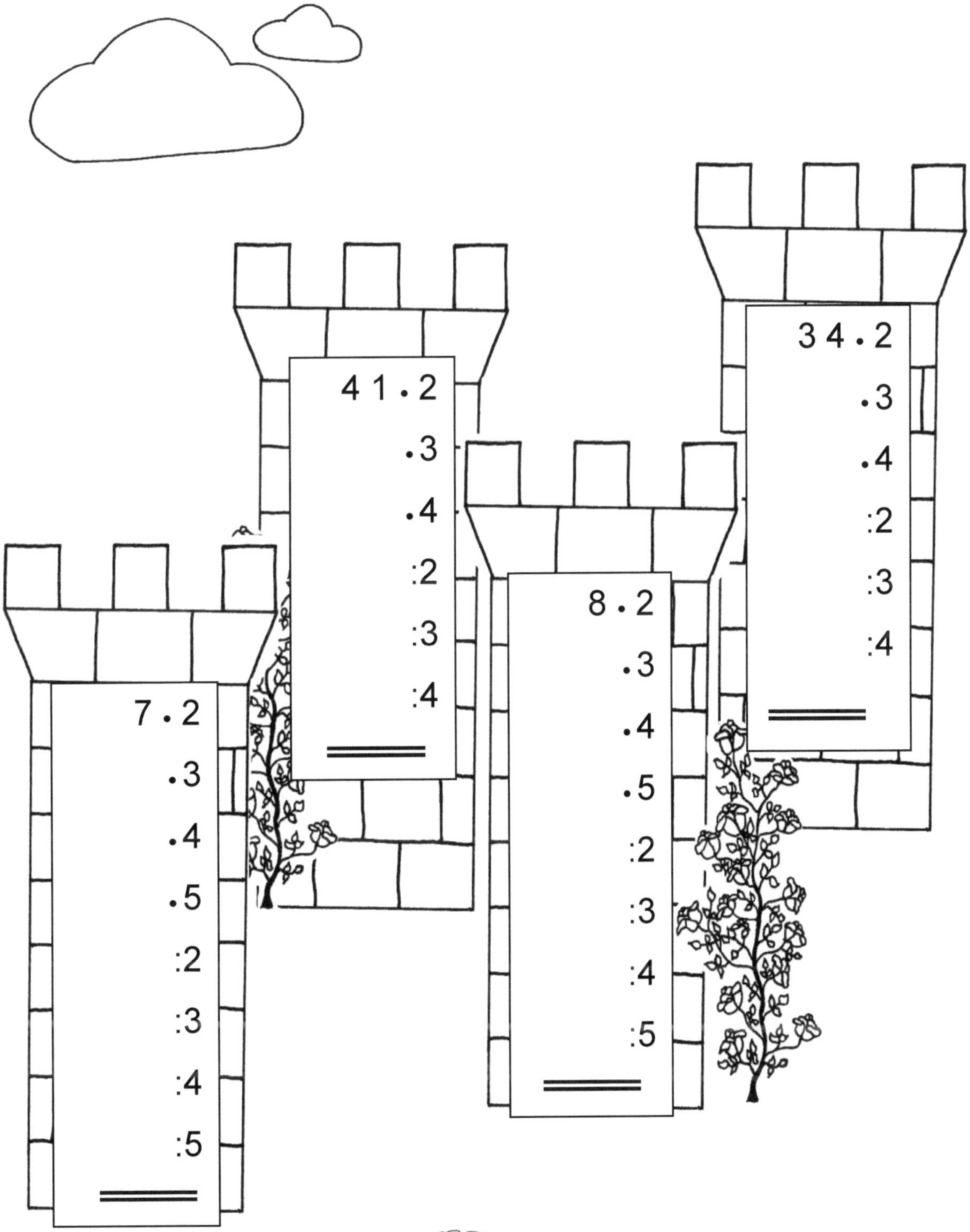

41 · 2
· 3
· 4
: 2
: 3
: 4

34 · 2
· 3
· 4
: 2
: 3
: 4

7 · 2
· 3
· 4
· 5
: 2
: 3
: 4
: 5

8 · 2
· 3
· 4
· 5
: 2
: 3
: 4
: 5

Elisabeth Fürst   ISBN 978-3-8370-6332-5

Gemischte Aufgaben

Eine knifflige Aufgabe

Die Schüler hatten die Aufgabe, eine Rechnung zu finden, deren Ergebnis **246** ist. Nicht alle Schüler haben es richtig gemacht. Rechne und finde heraus, wer die Aufgabe nicht richtig gelöst hat.

$$157 + 89 =$$

$$984 : 4 =$$

$$1000 - 754 =$$

$$492 : 2 =$$

$$41 \cdot 6 =$$

$$178 + 71 =$$

$$893 - 647 =$$

$$123 \cdot 2 =$$

$$992 : 4 =$$

$$82 \cdot 3 =$$

$$604 - 358 =$$

$$138 + 108 =$$

$$34 \cdot 7 =$$

$$738 : 3 =$$

$$732 - 486 =$$

$$148 + 98 =$$

ISBN 978-3-8370-6332-5

Elisabeth Fürst

Gemischte Aufgaben

$$707 - 268$$

$$+169 \ \ 89$$

$$138 \cdot 7$$

$$768 : 6 =$$

$$32 \cdot 4$$

$$774 : 3 =$$

$$322 \cdot 3$$

$$-547 \ \ 419$$

$$+181 \ \ 258$$

$$-954 \ \ 826$$

$$696 : 8 =$$

$$-527 \ \ 269$$

$$896 : 7 =$$

$$+698 \ \ 268$$

$$129 \cdot 2$$

$$+478 \ \ 488$$

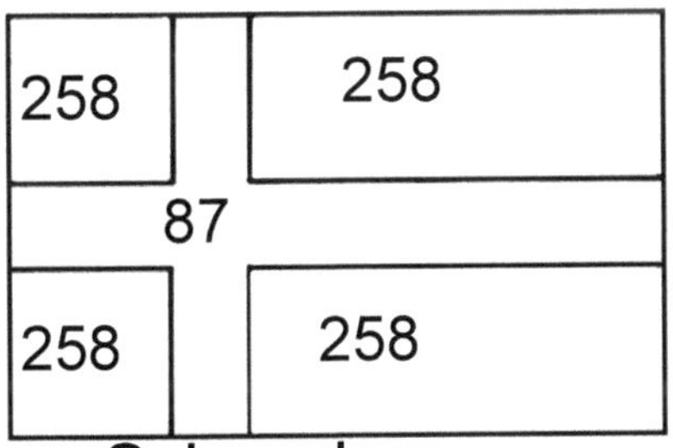

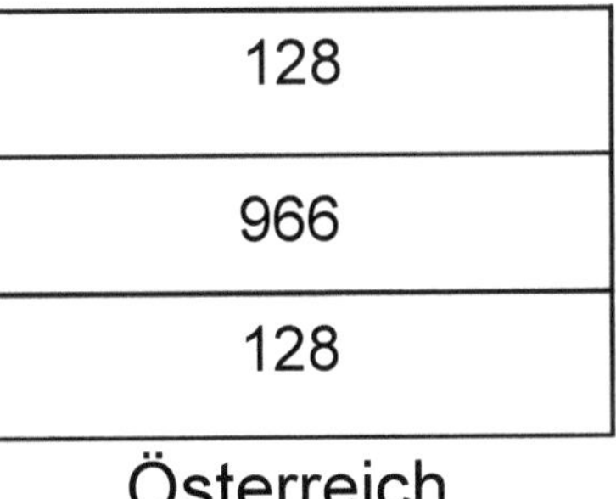

Schweden

Österreich

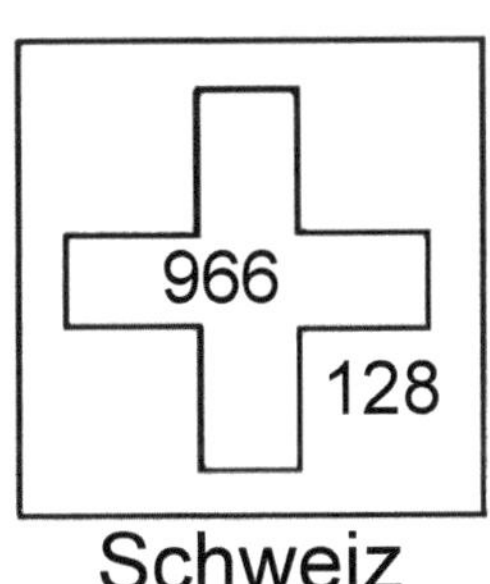

Schweiz

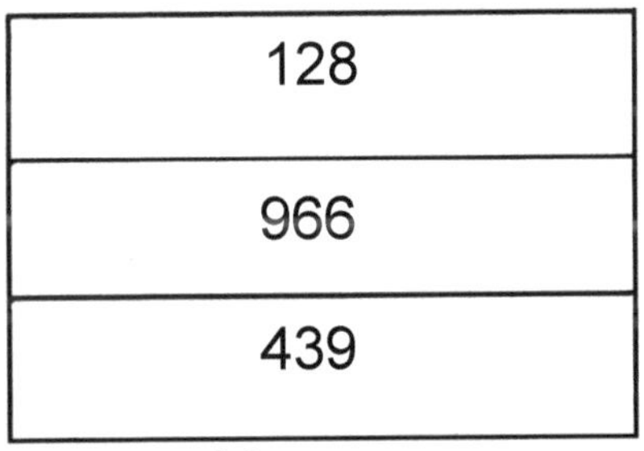

Ungarn

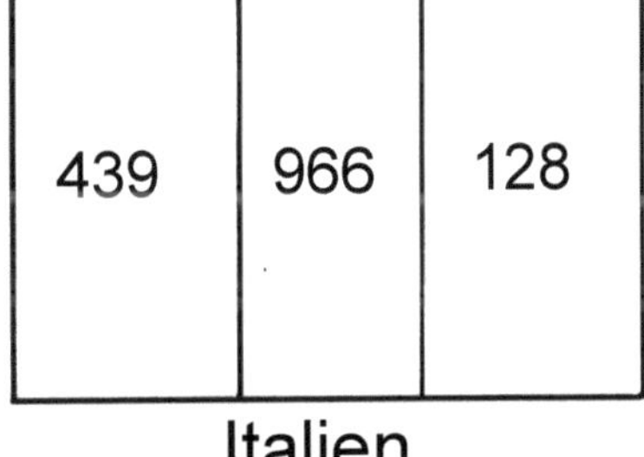

Italien

439 = grün   87 = gelb   128 = rot   966 = weiß   258 = blau

Elisabeth Fürst   ISBN 978-3-8370-6332-5

Gemischte Aufgaben

Peter hat Geburtstag. Er darf sich zwei Überraschungsgeschenke aussuchen.

Er nimmt das Päckchen mit dem Ergebnis **74** und das Päckchen mit dem Ergebnis **188** . Bemale die beiden Päckchen!

$$346 + 257 = \underline{\qquad}$$

$$772 : 4 = \underline{\qquad}$$

$$173 . 5 = \underline{\qquad}$$

$$463 + 519 = \underline{\qquad}$$

$$254 . 3 = \underline{\qquad}$$

$$624 - 269 = \underline{\qquad}$$

$$79 . 8 = \underline{\qquad}$$

$$503 + 397 = \underline{\qquad}$$

$$518 : 7 = \underline{\qquad}$$

$$534 : 6 = \underline{\qquad}$$

$$927 - 739 = \underline{\qquad}$$

$$852 - 663 = \underline{\qquad}$$

ISBN 978-3-8370-6332-5

Elisabeth Fürst

Abverkauf im Möbelhaus

Berechne wie viel die Möbelstücke im Abverkauf kosten!

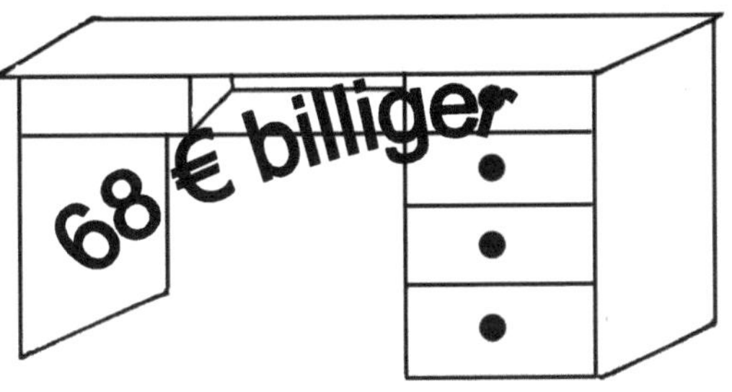

Schreibtisch
statt 295 €
nur______

Lampe
statt 82 €
nur______

Stuhl
statt 96 €
nur______

Couchtisch
statt 185 €
nur______

Sofa
statt 473 €
nur______

Küchenschrank
statt 564 €
nur______

Hier hast du Platz zum Rechnen!

Herr Maier kauft 4 Stühle und ein Sofa.
a) Wie viel muss er bezahlen?
b) Wie viel erspart er sich durch den Abverkauf?

Elisabeth Fürst   ISBN 978-3-8370-6332-5

Wer hat von der Torte genascht?

Beginne bei der ersten Rechnung. Das Ergebnis ist Teil der jeweils nächsten Rechnung. Am Ende erhältst du eine Zahl. Übersetze nun den Zahlencode in Buchstaben und du weißt die richtige Antwort!

$$+\begin{matrix}5\ 4\ 3\\ 3\ 7\ 2\end{matrix}$$

$$\ldots : 5 = \underline{\quad}$$

$$\underline{\ldots \cdot 4}$$

$$-\begin{matrix}\ldots\\ 5\ 6\ 8\end{matrix}$$

$$+\begin{matrix}\ldots\\ 6\ 7\ 9\end{matrix}$$

$$\ldots : 8 = \underline{\quad}$$

$$\underline{\ldots \cdot 2}$$

$$-\begin{matrix}\ldots\\ 3\ 6\end{matrix}$$

$$\ldots : 9 = \underline{\quad}$$

$$\underline{\ldots \cdot 7}$$

$$+\begin{matrix}\ldots\\ 3\ 8\ 4\end{matrix}$$

A	T	E	J	O	P	I	M
6	9	8	5	3	2	1	6

Joe

Tim

Pia

. . . hat von der Torte genascht!

ISBN 978-3-8370-6332-5

Elisabeth Fürst

Gemischte Aufgaben

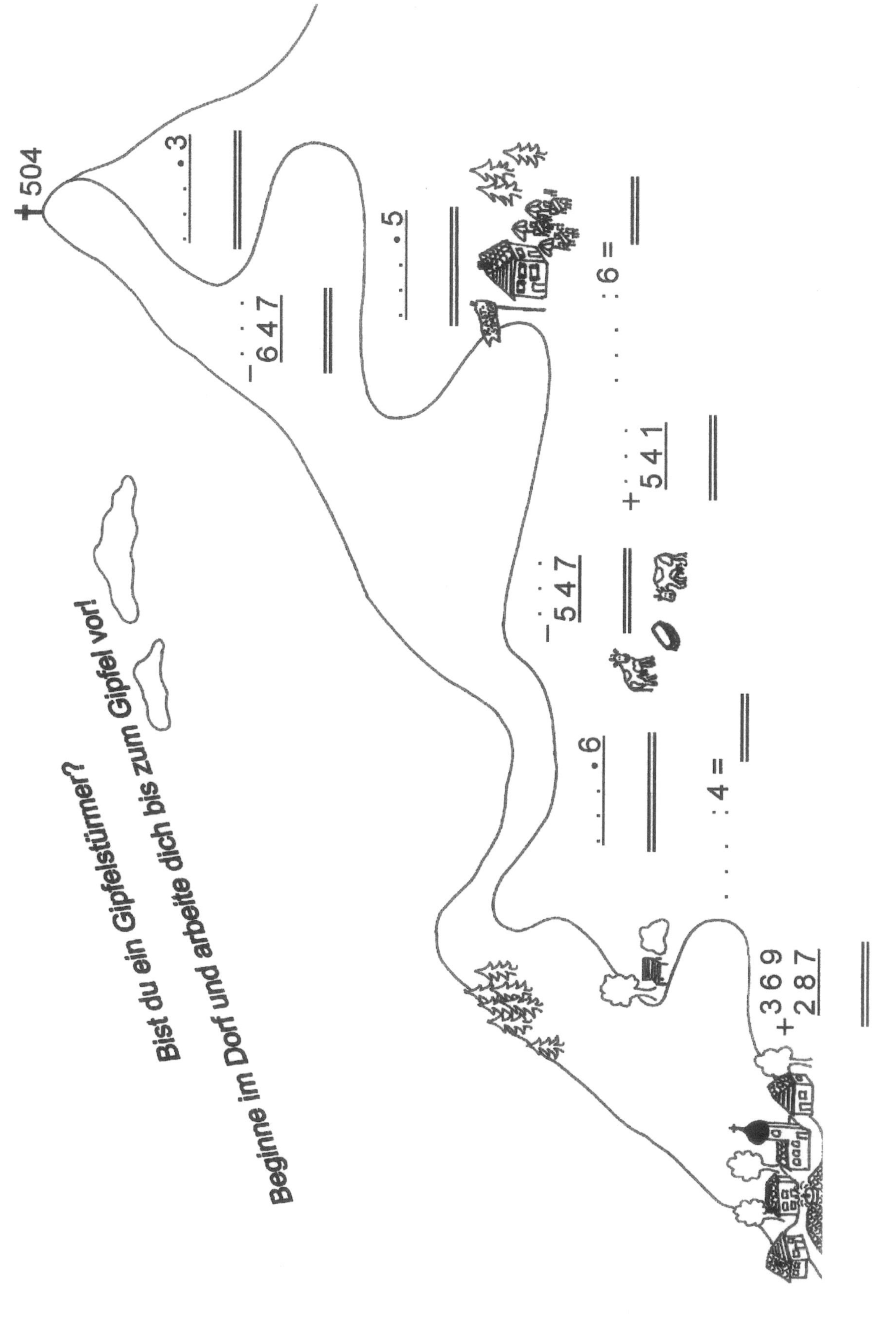

ISBN 978-3-8370-6332-5

Elisabeth Fürst

Gemischte Aufgaben

1. Tom ist fleißig. Zuerst rechnet er 45 Minuten, dann schreibt er 32 Minuten an einem Aufsatz und zum Schluss lernt er noch 46 Minuten Sachunterricht.
   Wie viele Minuten hat er insgesamt gelernt und geübt?

2. In einem Zug sitzen 116 Personen. An einem großen Bahnhof steigen 83 Personen aus und 56 Personen steigen zu.
   Wie viele Personen sind jetzt im Zug?

3. Peter hat 56 € in seinem Sparschwein. Seine Schwester Karin hat 4mal soviel wie Peter und Peters Freund Tim hat gar 2mal soviel wie Karin.
   Wie viel € hat Karin, wie viel € hat Tim?

4. Marion möchte ein neues Fahrrad. Das Fahrrad kostet 415 €. 100 € bekommt sie von ihren Eltern. Den Rest muss sie selbst bezahlen. Sie will jede Woche 9 € für das Fahrrad auf die Seite legen. Wie viele Wochen muss sie sparen?

5. Frau Koch bäckt für das Schulfest 4 Kuchen. Für jeden Kuchen braucht sie 225 g Mehl. Wie viel Mehl braucht sie?

6. Familie Frei fährt in den Urlaub. Zuerst fahren sie 134 km bis zu einer Tankstelle, dann fahren sie 167 km weiter bis zu einem Gasthof und schließlich fahren sie noch 235 km bis zu ihrem Urlaubsziel.
   Wie viele Kilometer sind sie insgesamt gefahren?

7. Frau Fleißig arbeitet 7 Stunden pro Tag und 6 Tage in der Woche. Wie viele Stunden arbeitet sie in 8 Wochen?

8. Passau liegt auf 313 m Seehöhe, Wien liegt auf 171 m Seehöhe. Um wie viele Meter liegt Passau höher?

9. Margot braucht neue Bekleidung für den Winter. Sie kauft einen Pulli um 54 €, ein Paar Handschuhe um 23 €, einen Schal um 27 € und eine neue Jacke um 89 €.
   Wie viel muss sie bezahlen?

Elisabeth Fürst   ISBN 978-3-8370-6332-5

Lösungen

Für Arbeitsblätter ,auf denen bereits Lösungsfelder vorhanden sind,
werden hier keine Lösungen mehr angeführt!

Seite 4: 688, 689, 959, 899, 658, 856, 697, 988, 857, 999, 987, 588;

Seite 5: 979, 689, 978, 895, 889, 856, 698, 898, 794, 996, 879, 789;

Seite 6: 362, 485, 483, 593, 577, 394, 683, 572, 681, 222, 141, 572;

Seite 11: 134 min., 138 min., 139 min., 133 min., 135 min., 136 min.;

Seite 14: 45 €, 9 €, 143 €, 91 €, 49 €, 120 €, 12 €, 111 €, Gesamt: 580 €

Seite 15: 108 km, 154 km, 190 km, 298 km, 237 km, 215 km, 488 km, 276 km,
166 km;

Seite 17: 369, 66, 848, 286, 488, 993, 864, 682, 699;

Seite 18: 581, 951, 342, 496, 414, 874, 584, 595, 679;

Seite 20: 378, 448, 496, 208, 365, 872, 294, 468, 672, 694;

Seite 21: 732, 948, 936, 825, 888, 936, 872, 695, 778, 984, 936, 973, 744, 984, 711;

Seite 22: 684 km, 297 km, 605 km, 357 km, 696 km, 560 km, 920 km, 504 km,
675 km, 840 km, 338 km, 816 km;

Seite 23: 940, 992, 865, 978, 570, 483, 756, 936, 768, 456, 348, 758, 910;

Seite 25: 136 €, 63 €, 201 €, 249 €, 357 €, 140 €;

Seite 27: 432, 232, 152, 413, 211, 720, 711, 112, 13, 254, 312;

Seite 28: 353, 642, 111, 324, 132, 624, 223, 251, 411, 542, 303, 243, 101, 322;

Seite 29: 326, 328, 323, 127, 405, 203, 515, 619, 106, 215;

Seite 31: 816, 237, 428, 122, 759, 515, 234, 528, 447, 164, 115, 339, 215, 257, 219;

Seite 33: 215, 565, 516, 356, 355, 488, 358, 147, 218, 139, 262;

Seite 34: 95, 345, 270, 189, 486, 269, 205, 172, 389, 108, 149, 608, 379, 75, 379,
29, 169, 389, 58, 485;

Seite 35: 384 €, 443 €, 13 cm, 289 St., 71 €, 87 Besucher, 110 Kisten, 29 Seiten;

Seite 38: 30, 71, 51, 83, 71, 73, 71, 62;

ISBN 978-3-8370-6332-5

Elisabeth Fürst

Lösungen

Seite 42: 56, 43, 135, 68, 34, 87, 356, 69;

Seite 44: 73, 87, 63, 98, 63, 59, 83, 63, 52, 79, 48, 99, 88, 47, 76;

Seite 46: 16 €, 260 g, 247 €, 12 Jahre, 24 €, 248 Legosteine, 35 €, 24 Kirschen;

Seite 47: 543 ⇨ 553, 781 ⇨ 881, 626 ⇨ 726, 843 ⇨ 844, 139 ⇨ 129,
803, 921, 658, 830, 903, 519, 137, 286, 508, 299;

Seite 48: 185, 578, 142, 113, 188, 578, 132, 176, 820, 133, 170, 112, 587, 712, 121, '
346, 386, 106;

Seite 50: 178 + 71 = 249, 992 : 4 = 248, 34 . 7 = 238;

Seite 52: 603, 193, 865, 982, 762, 355, 632, 900, 74, 89, 188, 189;

Seite 53: 227 €, 59 €, 67 €, 126 €, 327 €, 416 €, 595 €, 262 €;

Seite 54: 915, 183, 732, 164, 328, 41, 720, 684, 76, 532, 916;

Seite 55: 49, 998, 876, 58, 84, 268, 949, 188, 512, 142, 318, 785, 767, 889, 93;

Seite 56: 656, 164, 984, 437, 978, 163, 815, 168, 504;

Seite 57: 123 min., 89 Personen, Karin 224 €, Tim 448 €, 35 Wochen, 900 g, 536 km,
336 h, 142 m, 193 €;

ISBN 978-3-8370-6332-5

Übungsblätter für die 1. Klasse Grundschule - Rechnen

ISBN 978-3-8370-4315-0

Edition BoD

Juni 2008

Übungsblätter für die 3. Klasse Grundschule - Schriftliches Rechnen

ISBN 978-3-8370-6332-5

Edition BoD

August 2008

ISBN 978-3-8370-6332-5

Elisabeth Fürst